Helga Gürtler

Der tägliche Kampf zwischen Eltern und Kindern

Immer Krach um Teller, Topf und Bett
Wie man Konflikte mit Kindern erfolgreich besteht

SÜDWEST

Inhalt

Vorwort 4

Jedes Kind hat seinen Rhythmus 6

Den richtigen Zeitpunkt abwarten 10

Probleme mit dem Essen 12

Manche Eßprobleme sind gar keine 13

Wieviel soll ein Kind essen? 15

Manche Tischsitten verderben Kindern den Appetit 16

Familienkonflikte können sich auf das Eßverhalten der Kinder auswirken 18

Essen soll schon den Kleinsten wirklich Spaß machen.

Nähe und Geborgenheit – so schläft das Kleine endlich ein.

Wie Kinder gutes Benehmen lernen 26

Was verstehen wir unter gutem Benehmen? 26

Schwächere achten und ihnen helfen 28

»Nein, nein, ich bin noch nicht müde!« 30

Warum wollen Kinder nicht ins Bett? 30

Der Mittagsschlaf – wie notwendig ist er? 33

Wie Eltern Probleme mit dem Einschlafen in den Griff bekommen 35

Jeden Abend die gleichen Einschlafrituale 36

Die Kinder im Bett der Eltern 38

Mit und ohne Kind unterwegs 42

Ausgehen mit dem Baby 42

Geeignete Betreuungsmöglichkeiten 45

Noch immer Bett und Hose voll? 48

Die körperliche Reife ist die wichtigste Voraussetzung 48

Das Töpfchen soll Spaß machen 50

Das Kind ist überall dabei. Auf dem Arm der Mutter entdeckt es die Welt.

Daumen und andere Trostspender 54

Kinder und Sexualität 60

Sexualität – ein altes Tabuthema 60

Wie Kinder ihre eigene Sexualität entdecken 62

Sexualität soll man nicht unterdrücken 64

Unverkrampft über den Körper sprechen 67

Schutz vor sexuellem Mißbrauch 72

Mein Körper, das bin ich! 78

Klare Worte schaffen Sicherheit 81

Kinder wollen mit Erwachsenen leben 84

Kinder brauchen sinnvolle Aufgaben 84

Abgeschoben in eine künstliche Welt 85

Konflikte gehören zum Leben 90

Eine Chance für die Familie 90

Über dieses Buch 95

Register 96

Gemeinsam geht es besser. Wenn alle mithelfen, gelingt das Werk.

Vorwort

Eltern zu sein ist manchmal ganz sicher nicht leicht. Aber gerade wenn einem alles über den Kopf zu wachsen droht, ist es wichtig, innerlich einen Schritt zurückzutreten und die Probleme etwas gelassener anzugehen.

Beim Essen herumnörgeln, schlecht einschlafen und nachts zu den Eltern flüchten, noch im Kindergartenalter ins Bett machen – so machen viele Kinder sich und ihren Eltern das Leben schwer. Viele Eltern hoffen, daß mit der Zeit, wenn die Kinder älter werden, der Kampf zwischen ihnen und ihren Kindern friedlich beigelegt wird; sie warten ungeduldig darauf, daß das Kind normal ißt, ohne Widerstand ins Bett geht, durchschläft und endlich sauber wird. Doch ab welchem Alter können Eltern z. B. von ihren Kindern erwarten, daß sie nachts nicht mehr nach ihnen rufen? Wie können Eltern ihre Kinder z. B. dazu erziehen, daß sie, ohne jedesmal zu meckern, mit der Familie am Tisch mitessen?
Was muß ein Kind in welchem Alter können – das ist eine Frage, die beim Essen und Schlafen, aber nicht nur da, eine Rolle spielt. Im Kapitel »Essen« geht es um die richtige Menge, um Anzeichen einer drohenden Abhängigkeit, um Süßigkeiten und den Reiz des Verbotenen, um Tischsitten und gute Manieren überhaupt. Zum Essen gehört als Pendant das Ausscheiden; eines der Probleme in diesem Zusammenhang ist, daß Kinder länger, als Eltern das für richtig halten, nicht sauber werden.

Die eigenen Maßstäbe kritisch überdenken

In mancher Hinsicht sorgen und plagen sich Eltern ohne Grund – z. B. bei der strengen Einhaltung von Schlafenszeiten oder bei der Sauberkeitserziehung. Oft übernehmen sie die Maßstäbe ihrer Eltern, die diese wiederum von ihren Eltern übernommen hatten.
Für Eltern kann eine Korrektur überkommener Maßstäbe mit großer Erleichterung verbunden sein – warum

sollten sich Eltern monatelang ums Sauberkriegen mühen, wenn Kinder auch ganz von allein sauber werden? Warum sich um Schlafenszeiten sorgen, wenn das Schlafbedürfnis so verschieden ist?

Konflikte genau analysieren

Es tauchen aber auch andere Konflikte auf, die Eltern stark belasten. Das geschieht, wenn die Interessen von Eltern und Kindern aufeinandertreffen. Eltern wünschen sich z.B. einen kinderfreien Abend, Kinder möchten noch ein bißchen Highlife im Wohnzimmer. Eltern lieben eine ungestörte Nachtruhe, Kinder fühlen sich nachts leicht einsam und möchten dahin, wo's warm und gemütlich ist: ins Bett der Eltern. Eltern achten auf gesunde Ernährung, Kinder möchten ausschließlich Pommes mit Ketchup. Hier hilft es bereits, wenn sich die Eltern bewußtmachen, worin das eigentliche Problem liegt, um dann zu einer Lösung zu kommen, mit der allen geholfen ist.

Gefühle der Hilflosigkeit verschwinden bei Eltern oft, wenn sie sich die Ursachen der Probleme bewußtmachen. Dann lassen sich Lösungen finden, mit denen allen geholfen wird.

Zu einem harmonischen Familienleben gehören durchaus auch einmal Konflikte. Nicht alle Kinder haben zur gleichen Zeit die selben Interessen.

Etwa ab dem achten Monat nimmt das Baby fröhlich Kontakt zu seinem Spiegelbild auf, ohne jedoch sich selbst zu erkennen.

Unterstützen und anregen lautet die Devise und – Geduld, Geduld, Geduld.

Jedes Kind hat seinen Rhythmus

Kinder brauchen viel Zeit, um sich zu entwickeln – aber wann ist es an der Zeit, aufs Töpfchen zu gehen oder nachts durchzuschlafen? Ist das mehr eine Frage des körperlichen Reifens oder des Lernens? Liegt es an der Erziehung, der Zuwendung und Aufmerksamkeit, die Eltern ihrem Kind geben, wann es welche Fertigkeiten sicher beherrscht?

Wie können Eltern ihr Kind gezielt fördern?

Immer wieder vergleichen Eltern ihre Kinder mit Gleichaltrigen und möchten wissen, wann »normalerweise« mit diesem oder jenem Entwicklungsschritt zu rechnen ist. In der Vergangenheit wurde immer wieder versucht, genaue Entwicklungsstandards für Kinder festzulegen und herauszufinden, wann ein Kind das Schleifenbinden lernt, was es wann besonders gern ißt, wann es aufhört, in die Hose oder ins Bett zu machen, wieviel Schlaf es in welchem Alter braucht. Mittlerweile hat man herausgefunden, daß solche Maßstäbe überhaupt sehr schwer festzulegen sind und Eltern höchstens verunsichern.

Kein Kind entspricht dem statistischen Durchschnitt

Erziehungsratgeber, die sich bei einzelnen Entwicklungsschritten auf ein genaues Alter der Kinder festlegen, gehen von einem »statistischen Durchschnittskind« aus, doch jeder, der Kinder hat, wird feststellen, daß seine eigenen keine »statistischen Durchschnittskinder« sind. Im übrigen haben sich mit den kulturellen und sozialen Veränderungen in unserer Gesellschaft auch die Erziehungsziele verändert. Für die heutige Elterngeneration, die zum Wickeln Wegwerfwindeln benutzt, hat z.B. die Sauberkeitserziehung nicht dieselbe Bedeutung wie für unsere Großmütter. Sie waren verständlicherweise sehr daran interessiert, daß die Kinder möglichst schnell sauber wurden. Das Erziehungsziel »Sauberkeit« ist in unserer Zeit nur eines von vielen. Deshalb werden Kinder heute in einem späteren Alter sauber als noch vor einigen Jahrzehnten. Auch die Einstellung zur Sexualität im allgemeinen und ebenso zur kindlichen Sexualität hat sich in den letzten Jahren stark gewandelt.

Reifungsprozesse steuern die Entwicklung

Die körperliche und geistige Entwicklung des Kindes ist von komplexen Reifungsprozessen abhängig. Mit noch so vielem Üben wird man z.B. einem sechs Monate alten Kind nicht das Laufen beibringen können. Ob es mit elf, zwölf oder 18 Monaten zu laufen lernt, hat etwas mit seinem Gewicht, seinem Temperament, mit Ängstlichkeit oder Vertrauen zu tun. Manche Kinder laufen sehr spät, weil sie so geschickt krabbeln, daß sie sich auf eine neue, unsichere Fortbewegungsart nicht einlassen wollen.

Auf den ersten Schritt folgt der zweite

Ebensowenig wie das Laufen können Eltern einem sechs Monate alten Kind beibringen, nicht mehr in die Windeln zu machen. Es kann frühestens mit zwei Jahren seine Schließmuskeln kontrollieren und wird auch nicht vorher verstehen, warum es z.B. mehrmals täglich auf dem Töpfchen sitzen soll. Wann es aber aufhört, in die Hose zu machen, hängt auch davon ab, welche Erfah-

Nur kein übertriebener Ehrgeiz. In der kindlichen Entwicklung läßt sich nichts erzwingen. So gelingt das Laufen beispielsweise erst, wenn alle erforderlichen Muskeln ausgebildet sind – nicht früher.

Je anregender das Umfeld eines Kindes ist, desto mehr lernt es und hat dabei auch noch Spaß. Kinder sind von Natur aus lernbegierig. Diesen Lernprozeß sollten Eltern mit allen Mitteln fördern.

rungen es mit dem Töpfchen macht und ob das Sauberkeitstraining, das die Eltern mit ihm durchführen, seinem Alter und Charakter angemessen ist.
Kleinkinder entwickeln sich unterschiedlich schnell. Nach dem ersten Lebensjahr werden die individuellen Unterschiede im Entwicklungstempo immer größer, weil sie immer weniger von körperlichen Reifungsbedingungen, sondern mehr davon abhängen, in welchem Umfeld das Kind heranwächst. Das betrifft neben dem Sauberwerden besonders auch das Sprechenlernen. Nicht, daß ein bestimmter Entwicklungsschritt in einem bestimmten Alter unternommen wird, ist oft wichtig, sondern, daß der zweite und dritte Schritt erst folgen können, wenn die vorangehenden Schritte vollzogen sind. Erst wenn ein Kind in langen »Lallmonologen« alle möglichen Laute ausprobiert hat, kann es einzelnen Gegenständen und Tätigkeiten Begriffe zuordnen. Sobald aber Einwortsätze nicht mehr ausreichen, wird das Kind lernen, durch gezielte Kombinationen Zweiwortsätze zu bilden, mit denen es auch angeben kann, was einer tut oder wie etwas ist.

Jede Fähigkeit will erprobt werden. Auch wenn es manchmal nicht ungefährlich aussieht.

Das Umfeld beeinflußt die Entwicklung

Die Entwicklung eines Kindes richtet sich nach seinem individuellen Entwicklungstempo. Veränderte Lebensbedingungen wie z.B. eine Urlaubsreise oder ein Umzug in eine größere Wohnung können Kindern neue Möglichkeiten erschließen. Wenn z.B. kleine Kinder mit ihren Eltern verreisen, versuchen sie, sich in der neuen Umgebung zu orientieren. Sie setzen sich aufmerksam mit den neuen Verhältnissen auseinander, lernen andere Menschen kennen, hören eine unbekannte Sprache usw. Kinder, die in kurzer Zeit sehr große Fortschritte gemacht haben, brauchen viel Zeit, um das neu Erlernte sicher zu verarbeiten. Wichtig ist jedoch, daß dabei zumindest für sehr kleine Kinder eine Kontinuität gewahrt wird. Die nächsten Bezugspersonen sollten nicht auf Dauer verschwinden oder sich ständig in der Betreuung mit Freunden abwechseln.

Drei Schritte vor, einer zurück

Das führt dazu, daß auf kurze Phasen ruhigen, gleichmäßigen Ausprobierens ein plötzlicher Sprung folgen kann, der die Kinder in ihrer Entwicklung zunächst verunsichern, vielleicht sogar vorübergehend zurückwerfen kann. Insgesamt entwickeln sich Kinder jedoch kontinuierlich weiter. Es hängt daher sehr stark vom Umfeld des Kindes ab, ob und wann sich ein Kind einen solchen Schritt zutraut und wie lange es z.B. noch als Kleinkind aus der Flasche trinkt, nach dem Schnuller verlangt u.v.m. So erklärt sich z.B. auch, warum Zwillinge oft später deutlich zu sprechen lernen als Einzelkinder. Sie kommunizieren miteinander auch ohne die gesprochene Sprache so gut, daß sie sie nicht so dringend brauchen. Kinder, die fast nur mit Erwachsenen umgehen, sprechen dagegen besonders deutlich.

In den ersten zwölf Monaten entwickelt sich das Kind so rasant, daß man gar nicht genug Video- oder Fotoaufnahmen machen kann. Am Ende des zweiten Lebensjahres kann man sich schon fast nicht mehr an die Krabbelzeit erinnern.

Sich selbst kennen- und liebenlernen. Das ist der wichtigste Schritt in der frühkindlichen Entwicklung.

Die beste Basis für einen dem Kind individuell angemessenen Reifungsprozeß ist, ihm das Gefühl zu vermitteln, bedingungslos akzeptiert und gemocht zu werden.

Den richtigen Zeitpunkt abwarten

Eltern sollten lieber mit Zuversicht und Gelassenheit abwarten, als zu versuchen, die Entwicklung ihres Kindes nach festgelegten Normen zu beeinflussen.
Das heißt nicht, daß Eltern nicht durch Vorsorgeuntersuchungen der Gefahr einer Fehlentwicklung vorbeugen sollten. Geduldig warten können Eltern sicher leichter, wenn sie sicher sein können, daß die geistige und körperliche Entwicklung des Kindes harmonisch und seinem Alter entsprechend verläuft. Wenn sie sich richtig verhalten, das Kind nicht unter Druck setzen, es nicht ständig kritisieren, wird es zur rechten Zeit sicher durchschlafen, zuverlässig sauber werden, ordentlich am Tisch mitessen und vollständige Sätze sprechen.
Sie finden hier deshalb auf Fragen nach dem richtigen Zeitpunkt für einen bestimmten Entwicklungsschritt keine konkrete Antwort. Gelassenheit und Zuversicht wirken wie eine Prophezeiung, die sich sich selbst erfüllt. Was man dem Kind selbstverständlich zutraut, lernt es leichter. Wird dagegen jeder Schritt ängstlich erwartet, teilt sich diese Angst dem Kind leicht mit. Ein Kind kann auch sehr früh Schaden an seinem Selbstwertgefühl nehmen, wenn es immer wieder spürt, daß die Eltern Dinge von ihm erwarten, die es nicht leisten kann.

Kinder nicht miteinander vergleichen

Das Kind, das ständig konkurrierend mit anderen verglichen wird, verweigert sich auch aus Trotz, weil es merkt, wie sehr das Selbstwertgefühl der Eltern an seine Leistungen gebunden ist. »Wenn ich euch nicht gut genug bin, dann will ich überhaupt nicht!« könnte das heißen. Unlängst fragte mich ein Vater: »In welchem Alter kann man erwarten, daß ein Kind in der Lage ist …?« Die Zielrichtung seiner Frage wurde an seinem Tonfall deutlich. Hätte ich ein bestimmtes Alter genannt, wäre dies umgemünzt worden in eine Forderung: »Die Psychologin hat auch gesagt, in dem Alter müßte man …« Den Schwarzen Peter hätte das Kind gehabt. Für die Frage, warum es eigentlich etwas nicht konnte, vielleicht nicht können wollte, was viele andere in dem Alter womöglich schon tun, wäre gar kein Platz geblieben.

Woran Sie sich orientieren können

- Konkrete Altersnormen, die festlegen, welche Fähigkeiten Kinder in einem bestimmten Alter sicher beherrschen sollen, sind also nur eine grobe Richtschnur, die für die meisten Kinder gilt.
- Es gibt viele Gründe dafür, warum einzelne Kinder bestimmte Fähigkeiten früher, andere später erwerben als gleichaltrige Kinder. Manche Kinder sind von Natur aus ängstlich und wagen sich nicht so schnell an neue Erfahrungen, andere wiederum sind besonders lebhaft und neugierig.
- Es ist wichtig, daß Eltern die Entwicklung ihres Kindes aufmerksam beobachten. An erster Stelle steht dabei, daß das Kind sich kontinuierlich entwickelt, gerne auf die Anregungen seiner Bezugspersonen eingeht und insgesamt einen ausgeglichenen und fröhlichen Eindruck macht.
- Ständiges Vergleichen mit anderen, angeblich besonders begabten Kindern schafft manchmal erst Probleme, die es gar nicht geben müßte.

Anstatt an seinem Kind zu langsame Entwicklungsschritte zu kritisieren, sollte man zuerst die eigene Haltung überprüfen. Wer immer leistungsorientiert denkt oder denken muß, wird dies auch im Hinblick auf sein Kind tun.

Guten Appetit! Eltern sind glücklich, wenn es ihrem Kind schmeckt.

Probleme mit dem Essen

Niemand wird als »schlechter Esser« geboren. »Schlechte Esser« werden erst zu einem solchen Verhalten erzogen.

Zum Beispiel Sascha

Sascha ist zwei Jahre alt. Er ist schmal und zierlich – zu dünn, meint die Mutter, denn er ißt sehr schlecht. Sie hat den ganzen Tag zu tun, wenigstens das Nötigste in ihn hineinzubekommen. Weil er zum Frühstück meistens nichts essen will, macht sie ihm kleine Häppchen, mit denen sie ihm dann den halben Vormittag lang nachläuft. Mittags ißt er sehr wenig, und auch nur dann, wenn sie ihn füttert und vom Essen ablenkt. Obwohl sich die Mutter sehr viel Mühe gibt, ist Sascha ein »schlechter Esser« – oder gerade deswegen?

Schlanke Kinder sind weniger anfällig

Ißt Sascha vielleicht auch nur deshalb so schlecht, weil er die Erfahrung gemacht hat, daß seine Mutter ständig auf ihn eingeht und sich mit ihm beschäftigt, wenn er das Essen verweigert?
Allerdings hat Sascha etwas Untergewicht, seine Gesundheit ist in Gefahr, wenn er nicht ordentlich ißt – oder nicht? Kinderärzte sind anderer Meinung. Übergewichtige Kinder sind meist anfälliger als leicht untergewichtige. Auch daß man, wenn man krank wird, »was zum Zusetzen« haben müsse, ist ein Märchen – dünne Kinder werden meist schneller gesund als dicke.

Nein, meine Suppe eß' ich nicht... Noch kein Kind ist als kleiner Suppenkasper zur Welt gekommen. Stellt sich dennoch eine Essensverweigerung ein, könnten bestimmte Gewohnheiten eine Rolle dabei spielen.

Was also würde passieren, wenn die Mutter ihre ängstliche Besorgnis um Saschas Essen aufgäbe? Es kommt einfach nicht vor, daß ein gesundes Kind verhungert, weil man es nicht ständig zum Essen ermahnt! Essen sollte man dürfen, nicht müssen! Vielleicht hat Sascha Hunger bisher gar nicht kennengelernt? Dann sollte die Mutter es einmal anders versuchen, ihm nicht ständig Essen anbieten. Dann würde er sicherlich bald gern und auch ausreichend bei den Mahlzeiten zugreifen.

Manche Eßprobleme sind gar keine

Wenn Kinder essen dürfen, was sie wollen, essen sie dann jeden Tag Spaghetti mit Ketchup?
Ist es wirklich nötig, daß wir in ständigem Bemühen um Vielseitigkeit und Ausgewogenheit Kindern Speisen aufnötigen, die sie im Moment nicht gern mögen? Kinder haben oft »Moden« – kein Obst außer Bananen, mittags tagelang das gleiche. Aber schon vor Jahrzehnten haben Untersuchungen ergeben, daß Kleinkinder, denen man freistellte, was sie essen wollten, sich nur kurzfristig einseitig ernährten. Bereits nach einigen Wochen griffen sie erstaunlich sicher zu dem, was ihr Körper brauchte.

Kinder haben noch einen unmittelbaren Bezug zu ihren Bedürfnissen. Sie spüren genau, wann sie müde sind, sich langweilen – und auch, wann sie Hunger haben. Das Kind soll ermutigt werden, diesen Impulsen zu vertrauen.

Auf die Signale des Körpers achten

Eltern müssen ihre Kinder von klein auf darin trainieren, auf ihre Körperempfindungen zu achten und sich nach ihnen zu richten. Sie sollten ihnen also nicht mit dem Schnittchen, mit der Banane nachlaufen, Häppchen in sie hineinstopfen, sondern lieber fragen: »Hast Du Hunger?« oder »Möchtest du eine Banane essen?« Es genügt, wenn Eltern ein vielseitiges Angebot machen, aber kein Kind sollte zum Essen überredet oder gar zum Aufessen gezwungen werden.
Grundsätzlich sollten Eltern darauf achten, daß sie ihren

Kindern gut verträgliche und gesunde Nahrungsmittel, d. h. möglichst Nahrungsmittel aus ökologischem Anbau, die nur gering mit Schadstoffen belastet sind, anbieten.

Vorsicht – Süßigkeiten

Auch beim Thema »Süßes« spielt das Vorbild der Eltern – und hier besonders der Väter, wie Untersuchungen zeigen – eine wichtige Rolle. Der Schokoriegel als übliche Zwischenmahlzeit ist nun mal nicht gesund.

Besondere Vorsicht ist bei Süßigkeiten angebracht. Kinder lieben Süßes, doch die üblichen Süßigkeiten aus dem Lebensmittelladen – Schokoriegel, Bonbons, Müslischnitten usw. – sind kein sinnvoller Beitrag zur Ernährung.

- Zucker, der Hauptbestandteil von Süßigkeiten, ist verantwortlich für den Mangel an Vitamin B1 und Zahnkiller Nummer eins.
- Verwenden Sie Süßigkeiten nicht als Trostspender. Kinder, die bei jeder Enttäuschung zu Süßem greifen, neigen bald zu schweren Ernährungsstörungen und setzen Kummerspeck an.
- Verbieten Sie Süßigkeiten nicht generell. Kinder sollen nicht heimlich naschen, sondern nur, wenn die Eltern ihnen zu besonderen Anlässen Süßes geben.
- Bitten Sie die Großeltern, die Kinder nicht mit Süßigkeiten zu verwöhnen, wenn sie Ihren Kindern eine Freude machen wollen.
- Zum Nikolausfest und zu Ostern freuen sich Kinder besonders über Süßigkeiten. Schenken Sie sie aber nur in Maßen und fügen Sie andere kleine Aufmerksamkeiten für Ihr Kind bei.
- Anstatt herkömmlicher Süßigkeiten gibt es heute oft alternative Produkte. Doch auch hier gilt: Alles, was süß schmeckt, macht Appetit auf mehr!
- Mit Obst, selbstgemachten Milchmixgetränken oder Quarkspeisen können Eltern ihren Kindern das Essen auf gesunde und abwechslungsreiche Weise versüßen.
- Ganz egal, wieviel (Süßes) Ihr Kind gegessen hat –

Ernährungsgewohnheiten fangen in der Kindheit an. Kein Kind wird als guter oder schlechter Esser geboren, sondern dazu erzogen.

nach jedem Essen und ganz besonders nach dem Naschen dürfen Kinder das gründliche Zähneputzen nicht vergessen!

Wieviel soll ein Kind essen?

Das Hungergefühl ist von Stimmungen, vom Wetter, von besonderen Anstrengungen, vom Gesundheitszustand und auch von der Jahreszeit abhängig. Machen Sie Ihrem Kind eine kleine Portion zurecht und geben Sie ihm mehr, wenn es noch Hunger hat. Oder lassen Sie es selbst nehmen – aber bremsen Sie notfalls, wenn anfangs der Appetit zu groß ist. Und selbst wenn es bei einer Mahlzeit mal nicht essen möchte – das Kind ißt bei der nächsten oder später mehr, oder es überbrückt die Zeit bis zur nächsten Mahlzeit mit Obst.
Im übrigen probieren Kinder viel unbefangener das, was sie auch andere essen sehen. Ständiges Fragen und Bitten verunsichert Kinder auch beim Essen. Um es auf einen einfachen Nenner zu bringen: Je weniger Theater ums Essen gemacht wird, desto besser klappt es.

Kinder haben öfter Hunger als Erwachsene, weil in ihren Magen noch nicht so viel hineinpaßt. Sie brauchen immer mal wieder eine Zwischenmahlzeit in Form eines Joghurts oder eines Apfels.

Manche Tischsitten verderben Kindern den Appetit

Kindern vergeht oft der Appetit während des Essens. Es sind nicht nur die Tischsitten, sondern die ständigen Ermahnungen der Eltern: »Sitz' gerade!«, »Mansch' nicht so!«, »Nimm die Gabel in die andere Hand!« In einer solchen Atmosphäre sitzt niemand gerne am Tisch und ißt!

- Was spricht gegen einen Blumenkohlbaum auf einem Kartoffelberg an einem Saucensee, wenn das Essen damit mehr Spaß macht?
- Warum soll ein Kind nicht mit den Fingern essen, wenn es großen Hunger hat und schnell satt werden will?

Oft ergibt es sich, daß Eltern die gemeinsame Mahlzeit zum Aufarbeiten pädagogischer Probleme nutzen: »Warst Du heute wieder so laut in der Schule?«, »Wer hat denn nun die Blumenvase runtergeworfen?« Dann darf man sich nicht wundern, wenn die Kinder dieser unangenehmen Situation schnell entfliehen wollen und schon nach drei oder vier Bissen »überhaupt keinen Hunger mehr« haben.
»Aber mein Kind muß doch lernen, sich bei Tisch anständig zu benehmen«, werden Sie sagen, »ich kann mich ja sonst nirgends mit ihm sehen lassen!« Wenn Sie ihm gute Tischsitten geduldig vormachen und nicht ständig dazu ermahnen, beherrscht Ihr Kind sie eines Tages auch – zumindest in Situationen, wo es notwendig ist.
Zu Hause sollten Eltern und Kinder sich in ungezwungener Atmosphäre entspannen und mit Lust essen. Für manchen »schlechten Esser« ist es sehr hilfreich, in fröhlicher Runde mit anderen Kindern zu essen. Da schmeckt es auf einmal, auch wenn die Tischsitten dabei ein bißchen auf der Strecke bleiben.

Essen ist eine lustvolle Angelegenheit, ein sinnlicher Genuß. Bereits der Gebrauch von Besteck schafft Distanz, und das Ansinnen, »ordentlich« zu essen, führt immer weiter weg von der selbstverständlichen Lust, hin zur gesellschaftlich genehmigten.

Kinder beim Essen wählen lassen

Eine Familie sollte zu festen Zeiten ihre Mahlzeiten einnehmen. Das Hungergefühl richtet sich nach den Essenszeiten. Wenn Sie z.B. daran gewöhnt sind, mittags um 13 Uhr zu essen, dann bekommen Sie und Ihr Kind auch ziemlich pünktlich um diese Zeit Hunger. Und dasselbe gilt für das Abendbrot und das Frühstück. Eine Mutter kann nicht für alle Familienmitglieder nach Speisekarte kochen, damit immer jeder das bekommt, was er mag. Beim Mittagessen muß man in Kauf nehmen, daß einzelne ein langes Gesicht machen und nicht gerne essen. Aber beim Frühstück und beim Abendbrot kann man wählen lassen: »Möchtest Du lieber Quark oder Leberwurst aufs Brot?« Wenn Eltern in dieser Weise ihre Kinder wählen und auch ein wenig damit experimentieren lassen, was und wieviel sie essen möchten, ist das Risiko viel geringer, daß Kinder gar nicht essen wollen oder der Teller nicht leer gegessen wird. Für Kinder sollte das Essen nie etwas sein, was man tun muß, sondern immer etwas Genußvolles, was man tun darf, wenn man gerade Hunger und Appetit hat.

Falls ein Kind dazu neigt, einseitig nur die Speisen auszuwählen, die ihm schmecken, kann man versuchen, die anderen, »gesunden«, phantasievoll zuzubereiten.

Das gemeinsame Essen ist nicht nur dazu da, den Hunger zu stillen. Es stärkt auch die Zusammengehörigkeit in der Familie.

Wenn einem etwas »auf den Magen schlägt«, kann man natürlich nicht essen, genausowenig wenn einem »die Kehle zugeschnürt« ist oder man »einen Kloß im Hals« hat.

Familienkonflikte können sich auf das Eßverhalten der Kinder auswirken

Oft werden Eßstörungen bei Kindern aus einem zu engen Blickwinkel betrachtet. Am Beispiel der kleinen Tania soll sich zeigen, welche Aspekte hier eine Rolle spielen.

Zum Beispiel Tania

Die zweijährige Tania ist sehr klein und zart. Von Anfang an hatte die Mutter beim Füttern große Schwierigkeiten. Als Baby trank Tania wenig, schrie und spuckte viel. Inzwischen ist jede Mahlzeit eine langwierige, strapaziöse Prozedur für Mutter und Kind.

- Ist Tania krank, hat sie Kummer?
- Was könnte ihr helfen?

Ein Problem für die ganze Familie

Zwar ist es Tania, die schlecht ißt, aber alle Familienmitglieder haben damit zu tun. Tanias Eltern haben sich getrennt, als sie noch nicht geboren war. Daraufhin setzte sich die Mutter unter Druck. Sie wollte sich und ihrer Umgebung beweisen, daß sie auch allein zurechtkommt. Das untergewichtige Kind machte es ihr schwer. Bei der Mütterberatung wurde ihr gesagt, das Baby spüre, wenn die Mutter Probleme habe und könne darauf mit Nahrungsverweigerung reagieren. Das verursachte bei der Mutter Schuldgefühle. Um so mehr bemühte sie sich, im Umgang mit Tania geduldig, entspannt und heiter zu sein. Aber besonders die Mahlzeiten wurden zur Geduldsprobe.
Auch die Großmutter hatte viel Kritik und gute Ratschläge parat, wie sie Tanias Mutter mit ihren Methoden großgezogen habe. Tanias Mutter empfindet das als Einmischung,

sie möchte selbst bestimmen, wie sie Tania ernährt und erzieht. Andererseits ist sie froh, wenn die Mutter ihr das Kind abnimmt. Sobald Tania ein paar Tage besser gegessen hat, wagt es die Mutter, sie für einige Stunden der Oma zu überlassen. Jedesmal setzt die Oma dann ihren Ehrgeiz daran, mit ihren Methoden Tania zum Essen zu bewegen. Tania aber schätzt es überhaupt nicht, wenn die Mutter ohne sie weggeht. Bei der Oma will sie erst recht nicht essen.

Eßprobleme haben viele Ursachen

Es wird deutlich, daß hier ein appetitanregendes Mittel oder ein Eßtrainingsprogramm keine Lösung des Problems oder eine Besserung gebracht hätten. Die ganze Familie mußte in eine Beratung und eine Therapie einbezogen werden. Dabei ging es nicht darum, einem von ihnen oder allen die »Schuld« an Tanias Eßschwierigkeiten anzulasten, sondern ihnen zu zeigen, wie die vielschichtigen Probleme, die sie miteinander hatten, Tanias gestörtes Eßverhalten aufrechterhielten. Damit war nicht nur Tania, sondern allen geholfen.

Selbstverständlich müssen bei Eßproblemen zuerst eventuelle körperliche Ursachen abgeklärt werden. Meist sind jedoch seelische Konflikte die Auslöser.

Was spricht dagegen, daß auch größere Kinder ab und zu zur Flasche greifen, solange es nicht zur Gewohnheit wird?

Wer in der Kindheit anstatt Zuwendung Nahrung erhalten hat, wird es als Erwachsener mit sich selbst nicht anders halten. Er wird etwas in sich hineinstopfen und nicht spüren, daß er eigentlich ein freundschaftliches Gespräch bräuchte.

Wichtige Hinweise zum Thema »Essen«

- Familienkonflikte äußern sich oft beim schwächsten Glied der Familie, und das ist meistens ein Kind.
- In welcher Weise das Kind reagiert, ist auch von seiner körperlichen Disposition abhängig – beim einen ist es der Magen, beim anderen die Blase, ein drittes bekommt vielleicht Schlafstörungen.
- Oft verfestigt eine »Familientradition« ein bestimmtes Symptom. Wenn jemand in der Verwandtschaft sich ähnlich verhalten hat, halten viele die Verhaltensauffälligkeit des Kindes für ein typisches Verhalten, das in der Familie weitergegeben wird. Solche »Familientraditionen« behindern aber die Suche nach Ursachen und Lösungsmöglichkeiten. Deshalb ist es sinnvoll, andere um Rat zu fragen, die von diesen »Traditionen« nichts wissen.
- Wenn Eltern verstehen wollen, auf welche Konflikte das Kind mit seinem auffälligen Verhalten reagiert, sollten sie sich fragen, welche Hoffnungen und Ängste für andere Familienmitglieder damit verknüpft sind.
- Welche Folgen hat es für das Kind, wenn es sein Verhalten beibehält oder ablegt? Tania wurde, sobald sie bei der Mutter besser aß, bei der Oma gelassen, die ihr ständig Essen anbot. So fiel sie wieder in ihre Eßverweigerung zurück.
- Eltern sollten sich Situationen vergegenwärtigen, in denen das auffällige Eßverhalten nicht auftritt. Für Tania ergab sich eine solche Situation, als sie mit Kindern von Freunden aß. Keiner wußte hier von ihren Eßproblemen, und Tania aß völlig unauffällig mit den anderen Kindern.

Früh übt sich, wer ein Dickerchen wird

Untererernährung und Mangelernährung sind in unserer Gesellschaft sehr selten geworden. Dafür sind sehr viele Kinder zu dick, weil sie von ihren Eltern zu reichlich gefüttert werden und auch dann essen, wenn sie keinen Hunger haben.

- Warum neigen so viele Eltern dazu, ihre Kinder allzu fürsorglich mit Essen zu versorgen?
- Warum essen viele Kinder und Erwachsene mehr, als ihnen guttut, obwohl sie sehr darunter leiden, weniger beweglich zu sein, weniger attraktiv auszusehen, sie ein größeres Risiko eingehen, krank zu werden?

Essen kann Zuwendung und Liebe nicht ersetzen

Das Verhalten der Babys liefert hierfür die Erklärung. Ein Baby, das gestillt oder liebevoll mit der Flasche gefüttert wird, wird dadurch nicht nur satt. Es erfährt Zärtlichkeit, Wärme, Hautkontakt, Beruhigung. Satt werden bedeutet für das Baby Wohlbefinden schlechthin. Auch ältere Kinder behalten das genußvolle Nuckeln an einer Flasche oft noch lange bei, um sich zu beruhigen. Sie stillen damit nicht nur Durst oder Hunger, sie können sich so auch entspannen, werden getröstet und beruhigen sich schneller. Nach und nach lernt das Kind, wie es die verschiedenen Bedürfnisse auf unterschiedliche Weise befriedigen kann. Es kann zärtlich schmusen, sich nach einem großen Kummer in Mutters Arm beruhigen. Viele Eltern und Großeltern geben ihren Kindern Essen, wenn sie traurig sind oder sich ängstigen. Für sie ist Essen und Trinken gleichbedeutend mit fürsorglicher Zuwendung schlechthin. Sie fragen sogar noch ihre erwachsenen Kinder, wenn sie auf Besuch kommen, ob sie Hunger haben – und geben ihnen zu essen.

Die Anforderungen an Eltern scheinen immer komplexer zu werden. In ihrer Sorge, die Kinder nicht adäquat unterstützen zu können, greifen sie auf das ihnen vertraute Mittel Fürsorge zurück und stellen ihnen etwas zu essen hin.

Für alle ist es notwendig, hin und wieder innezuhalten, um bei sich und seinen Lieben die wahren Bedürfnisse zu erkennen.

Kummerspeck

So gibt eine Generation die Verbindung von Essen und Fürsorge, Essen und Beruhigung an die nächste weiter. Eltern, die das Essen zu sehr in den Mittelpunkt ihrer Fürsorge rücken, fördern die Neigung ihrer Kinder, die Lösung seelischer Konflikte im Essen oder Trinken zu suchen. Viele Menschen trösten sich so über Enttäuschungen hinweg, werden dabei aber immer dicker, so daß zu dem eigentlichen Problem das Eßproblem hinzukommt.

Auch Zuwendung macht satt

Es ist nicht der Hunger, der Eltern und Kinder zum übermäßigen Essen verleitet. Es fehlen die Zuwendung und Aufmerksamkeit, Zeit zum Reden, zum Schmusen, zum Spielen. Sich füreinander Zeit zu nehmen, den Kindern genügend Zuwendung zu geben, ist wichtiger, als ihnen ständig Essen anzubieten. Lieber über einem spannenden Gespräch oder im Eifer des Spiels das Essen vergessen, als vor lauter Sorge um die ausreichende Ernährung keine Zeit zum Reden oder Spielen zu haben.

Eltern sollten sich folgende Fragen stellen:

- Wie wichtig ist uns Essen und Trinken?
- Welche Rolle hat das Essen in unserer Kindheit gespielt?
- Was fehlt uns tatsächlich, wenn es wir mehr als gut und nötig essen?
- Was möchten wir eigentlich unserem Kind geben, wenn wir uns ständig um seine Ernährung kümmern?
- Hat eine Korrektur von außen Sinn, indem wir die Ernährung umstellen?

Wie also sollen sie sich im Hinblick auf die schlechten Eßgewohnheiten ihrer Kinder verhalten?

Die wichtigsten Regeln

- Die gemeinsame Runde am Tisch ist der Treffpunkt für die ganze Familie. Hier essen alle zusammen und unterhalten sich. Beziehen Sie deshalb Ihr Kind, sobald es im Hochstuhl sitzen kann, in diese Runde mit ein und füttern Sie es am Tisch.

- Ermuntern Sie Ihr Kind, frühzeitig selbst mit seinem Kinderbesteck zu essen. Ein Kind, das nicht mehr gefüttert werden muß, sondern selbst essen kann, freut sich sehr darüber, daß es selbständig an den Mahlzeiten teilnehmen kann.

- Seien Sie nicht zu penibel, was Tischmanieren angeht. Kinder dürfen schon mal mit Fingern essen oder das Essen auf dem Teller in eine Landschaft verwandeln. Nur zur Regel sollte es nicht werden.

- Kinder möchten selbst auswählen, was und wieviel sie essen. Bieten Sie deshalb zum Frühstück und zum Abendessen verschiedene Speisen an und lassen Sie Ihr Kind z.B. bei der Wurst, dem Käse usw. selbst zugreifen.

- Die Mahlzeiten werden so zu einem vielfältigen Erlebnis für Kinder, bei denen sie ihre Selbständigkeit üben können. Solche »Erlebnisse« sind wichtige Ereignisse im Tagesablauf – halten Sie deshalb, auch im Urlaub, die Essenszeiten ein.

- Besondere Situationen, z.B. der Besuch der Oma, können bewirken, daß das Kind seinen Hunger »vergißt« und deshalb nicht essen will. Zwingen Sie Ihr Kind nicht zum Essen, sondern halten Sie statt dessen reichlich zu trinken und Obst bereit, wenn sich der Hunger später verstärkt einstellt.

Das gemeinsame Essen hatte schon immer eine soziale Funktion. Man trifft sich, um etwas Angenehmes, Entspannendes miteinander zu erleben. Erinnerungen an Mahlzeiten und die Gefühle dabei bleiben einem oft ein Leben lang.

Genußmittel – ein striktes Tabu

Ob Süßigkeiten, Alkohol oder Zigaretten – alles, was verboten ist, macht Kinder besonders neugierig.
Haben Ihre Eltern auch versucht, Ihrer kindlichen Naschhaftigkeit entgegenzuwirken, indem sie die Süßigkeiten wegschlossen? Zum Reiz des Süßen kam der Reiz des Verbotenen, die Suche nach dem Schlüssel, das heimliche Öffnen der Schranktür ... Und dann gab es kein Halten mehr.
Kinder sind meistens aber durchaus bereit, vernünftige Verbote zu akzeptieren. Das gilt nicht nur für Süßigkeiten, sondern auch für Genußmittel wie alkoholische Getränke und Zigaretten, die ungesund sind.
Wenn Eltern ihre Kinder unter Aufsicht einmal vorsichtig probieren und riechen lassen, sie über die Gefahren informieren, sind die Kinder eher bereit, sich an das Verbot zu halten.

Besser als alle Erklärungen ist das elterliche Vorbild. Wer selbst viel Süßes ißt, darf nicht erwarten, daß sein Kind darauf verzichtet.

Jedes Kind versteht den Sinn eines Verbots, wenn es ihm ruhig erklärt wird.

Unbegründete Verbote verhindern die Einsicht

Strikt abzulehnen sind deshalb unbegründete Verbote, denn sie verhindern die Einsicht der Kinder. Kinder müssen verstehen lernen, warum sie bestimmte Dinge gar nicht, nur zu bestimmten Anlässen oder nur dann machen dürfen, wenn die Eltern dabei sind. Eltern sollten deshalb ihre Verbote sinnvoll begründen und so durchsetzen, daß ein ständiger und nervenzehrender Machtkampf zwischen ihnen und den Kindern vermieden wird.

- Je älter die Kinder werden, desto weniger können Eltern sie ständig kontrollieren. Mit einer einfachen, verständlichen Erklärung erreichen sie mehr als mit einem strikten Verbot.
- Wenn Kinder dennoch einzelne Verbote vor den Augen von Vater oder Mutter nicht einhalten oder ihnen von ihren »Fehltritten« berichten, können sich Eltern mit ihren Kindern über die Verbote auseinandersetzen.
- Wenn Kinder Verbote heimlich übertreten, ist den Eltern diese Möglichkeit zur Einflußnahme genommen. Eltern sollten sich deshalb dafür einsetzen, daß alle Mitglieder der Familie offen und ehrlich miteinander umgehen.
- Wenn das Gerangel um die Einhaltung von Verboten in den Mittelpunkt des Familienalltags gerückt ist, geht es nicht mehr um den Inhalt des Verbots und seine Begründung, sondern nur noch darum, ob es nun in einzelnen Fällen übertreten wurde oder nicht.
- Alle Verbote müssen für das Kind nachvollziehbar sein. Erklären Sie Ihrem Kind, daß Sie ihm nicht aus eigener Bequemlichkeit oder willkürlich etwas verbieten, sondern Verbote nur aussprechen, um es vor Gefahren zu schützen. Dabei ist es auch wichtig, konsequent zu bleiben, außer die Situation erfordert eine andere Haltung.

Gebote und Verbote sind besonders bei kleinen Kindern nötig, die noch nicht so vernünftig sind, die Folgen ihrer Handlungen abzusehen. Sie müssen vor Gefahren geschützt werden. Kinder begreifen das auch.

Gutes Benehmen heißt auch, einander wahrzunehmen.

Wer seinen Kindern beibringt, sowohl sich selbst als auch andere wertzuschätzen, wird wohl kaum Probleme mit schlechtem Benehmen haben.

Wie Kinder gutes Benehmen lernen

In Zusammenhang mit den verschiedenen Eßproblemen taucht ein zweites Problem immer wieder auf – die guten Tischsitten. Das ständige Ermahnen kann Kindern den Appetit verderben. Aber dürfen sie sich so benehmen, als gäbe es für sie keine Regeln für das Essen?

Was verstehen wir unter gutem Benehmen?

Gibt es da nicht »alte Hüte«, deren Sinn kaum noch einer kennt und den man Kindern nur schwer erklären kann? Schadet es jemandem, wenn ein Kind Messer oder Löffel in die linke Hand nimmt, Kartoffeln mit dem Messer zerschneidet oder den Saft aus der Kompottschale trinkt? Wohl kaum. Kinder, die sich den Mund vollstopfen, dabei ständig reden und ihr Gegenüber einem »Krümelregen« aussetzen, Kinder, die als erste nach der Gemüseschüssel greifen, um sich möglichst alle Karotten zu sichern, solche Kinder benehmen sich tatsächlich schlecht!

- Was sind gute Tischsitten?
- Was ist gutes Benehmen?

Gutes Benehmen, das heißt, empfänglich sein für die Bedürfnisse der anderen und Rücksicht auf sie zu nehmen. Wir tun gut daran, das, was wir an »gutem Benehmen« oft unkritisch übernommen haben, in dieser Weise auf seinen Sinn hin zu untersuchen.

Wie Kinder Erwachsene grüßen sollen

Zum guten Benehmen gehört es nach der Überzeugung der meisten Eltern, daß Kinder Erwachsene, die sie mit Namen kennen, grüßen. Oft verhalten sich Kinder dabei ganz unterschiedlich. Die einen klappen mit ungerührtem Gesicht den Unterkiefer zu einem kurzen »Tach« herunter. Die anderen grinsen einen freundlich an, sagen »Na du?«, »Hallo« oder manchmal auch gar nichts. Trotzdem sind einem die Grinser lieber. Denn man fühlt sich von ihnen persönlich wahrgenommen. Natürlich verärgert es einen, wenn einer, der noch vor wenigen Tagen an der Verwüstung des Kinderzimmers beteiligt war, durch einen hindurchsieht, als kenne er einen überhaupt nicht. Wie er einen aber zur Kenntnis nimmt, wie er einem möglicherweise zeigt, daß er einem für den Nachmittag dankbar ist, soll das Kind so zeigen können, wie es möchte.

Wenn die Eltern abfällig über einen anderen Erwachsenen sprechen, fällt es den Kindern natürlich schwer, diesen Erwachsenen höflich zu grüßen.

Unhöfliche Kinder sind oft nur schüchtern

Bei der Begrüßung sind Kinder oft schüchtern und verstecken sich hinter dem Rücken ihrer Eltern. Verzichten Sie in diesem Fall auf das Handgeben; vielleicht möchte Ihr Kind den Gästen bei der Verabschiedung die Hand reichen. Wichtig ist, daß Kinder mit der Zeit lernen, ihre Ängstlichkeit zu überwinden und sich anderen gegenüber freundlich und aufgeschlossen verhalten.
Knicks und Diener sind schon lange passé. Denn diese Gesten drücken ein bestimmtes Hierarchieverhältnis aus – derjenige, der grüßt, macht durch seine Bewegung deutlich, daß er in der Position des Schwächeren ist. Eltern aber sollen ihre Kinder als selbständige und gleichwertige Partner behandeln und ihnen so früh wie möglich vermitteln, daß in einer freien Gesellschaft alle Menschen gleichberechtigt sind.

Höflichkeit hat nichts mit Unterwürfigkeit zu tun. Wer seine Kinder dazu »dressiert«, schadet ihrem gesunden Selbstbewußtsein.

Schwächere achten und ihnen helfen

Wenn ein Kind weiß, daß es wichtig und bedeutsam ist, wird es sich leichttun, zugunsten eines Schwächeren zurückzustehen.

Daß ein Kind unter Erwachsenen nur reden darf, wenn es gefragt wird, ist eine unerträgliche Einengung. Daß es aber nicht in jedes Gespräch einfach hineinplatzen darf, sondern warten muß, bis ein anderer seinen Gedanken zu Ende gebracht hat, fordert die Rücksicht auf den anderen. Daß ein Junge einem Mädchen gegenüber ritterlich sein muß, ist Quatsch. Wichtiger ist es, daß jedes Kind, egal, ob Junge oder Mädchen, lernt, auf Schwächere Rücksicht zu nehmen.

Eltern sollten nicht darauf verzichten, ihren Kindern die formalen Regeln der Höflichkeit und des »guten Benehmens« beizubringen, damit sie nicht in peinliche Situationen geraten, wenn sie überhaupt nicht wissen, wie man sich benimmt. Und je älter die Kinder sind, desto besser verstehen sie auch den Sinn dieser Benimmregeln.

Es gibt nichts Schöneres für ein Kind, als Liebe und Trost von anderen Kindern zu empfangen.

Wie können Eltern ihre Kinder dazu erziehen, daß sie sich in verschiedenen Situationen angemessen verhalten, sich gut benehmen?

- Alle Kinder, d.h. auch Babys, sind offen für Anregungen. Gewöhnen Sie deshalb Ihr Kind von klein auf an Situationen wie das Einkaufengehen; scheuen Sie sich nicht, Freunde einzuladen oder eine Einladung anzunehmen.
- Kinder fühlen sich in Gesellschaft von anderen Kindern besonders wohl. Besuchen Sie deshalb Krabbel- und Spielgruppen.
- Kleinkinder versuchen, komplexe Abläufe wie z.B. Reisevorbereitungen zu verstehen. Erklären Sie deshalb Ihrem Kind schon beim Packen der Koffer, daß Sie die Oma besuchen werden und eine längere Autofahrt vor sich haben. So kann sich Ihr Kind auf die Autofahrt und die Begegnung mit der Oma einstellen.
- Eltern, die ihr Kind frühzeitig zum selbständigen Essen erzogen haben, können es mit ihrem guten Beispiel mit den einzelnen Benimmregeln vertraut machen. Ein Kind, das gelobt wird, wenn es freundlich um einen Nachschlag bittet, freut sich, daß es selbständig und gleichberechtigt am Essen teilnehmen kann.

Wichtig ist es, Kindern die Gegebenheiten in Situationen, die für sie neu sind, zu erklären, z.B. vor dem Besuch bei der Großmutter: »Die Oma ist schon alt, und Lärm tut ihr richtig weh.«

Aufmerksamkeit und wechselseitiger Respekt

Es ist also sinnvoll und notwendig, daß Kinder von klein auf soziales Verhalten am Beispiel anderer Kinder und Erwachsener beobachten und daraus lernen können. Kinder sollen Benimmregeln im engeren Sinn anwenden, wenn es notwendig ist. Sie sollten z.B. lernen, sich zu bedanken, wenn sie ein Geschenk erhalten haben. Aufgeschlossenheit und ein aufmerksamer Blick für das, was den anderen freut, was er braucht, ist die Form von gutem Benehmen, die Eltern sich wünschen sollten.

Zähneputzen als Ritual vor dem Schlafengehen.

»Nein, nein, ich bin noch nicht müde!«

Viele Kinder wollen nicht ins Bett. Aber sie müssen! Dieses Thema ist ein »Dauerbrenner« bei Elternseminaren und in Beratungsstunden. Warum gibt es in so vielen Familien Probleme mit dem Schlafengehen?

Warum wollen Kinder nicht ins Bett?

Sie sind noch nicht müde

Das Schlafbedürfnis von Menschen, auch von Kindern, ist sehr unterschiedlich. Einige brauchen viel Schlaf, andere kommen mit sehr viel weniger aus und sind am nächsten Tag wieder munter. Einige brauchen noch in der Schulzeit ihren Mittagsschlaf, andere sind schon mit zwei Jahren nicht mehr dazu zu bewegen. Deshalb gilt auch hier keine feste Norm. Kleine Kinder, die morgens noch nicht zu einer bestimmten Zeit aufstehen müssen, läßt man deshalb am besten ihren Schlaf-wach-Rhythmus selbst bestimmen.

Ein Kind darf man nie zur Strafe ins Bett stecken. Dann wird dieser Ort nämlich kaum mehr als angenehm empfunden.

Kämpfe beim Schlafengehen vermeiden

Wenn Eltern bereit sind, z. B. auf ganz starre Einschlafzeiten zu verzichten und ihre Kinder nicht zu lange im Bett warten lassen, wenn sie ausgeschlafen sind, dann gehen sie gern ins Bett, wenn sie müde sind. Lernen sie aber, daß Schlafengehen etwas ist, das man tun muß, wenn man gar nicht will, dann gewöhnen sie sich mit der Zeit daran, sogar ein starkes Schlafbedürfnis zu unter-

drücken, damit sie im Kampf um das Schafengehen nicht unterliegen.
Anders ist es bei Kindern, die morgens zu einer bestimmten Zeit aufstehen müssen, um in den Kindergarten oder in die Schule zu gehen. Wenn Kinder jeden Morgen nur mit Mühe wachzukriegen sind, sollten Eltern sie abends eher schlafen legen.

Entspannt einschlafen lernen

Bevor Kinder einschlafen, müssen sie innerlich langsam zur Ruhe kommen. Ein abgedunkelter, ruhiger Raum schafft eine entspannte Atmosphäre, bei der das Kind leicht »abschalten« kann und schnell einschläft. Ein gemütliches Zubettgehzeremoniell trägt dazu bei, daß das Kind besser zur Ruhe kommt.
Kinder fühlen sich abgeschoben, wenn sie allein im Dunkeln einschlafen sollen. Sie fürchten sich vor dem Alleinsein im Dunkeln und haben das Gefühl, sie könnten Wichtiges versäumen, wenn sie ins Bett geschickt werden. Worüber unterhalten sich die Eltern, welcher Film läuft im Fernsehen? Wenn Eltern nur dasitzen und lesen, wird es Kindern bald zu langweilig. Allerdings sollte es Ausnahmeregeln geben, wenn Besuch kommt.
Wenn Eltern die Verbindungstür zum Kinderzimmer offen lassen, schlafen Kinder auch bei mäßigen Geräuschen gut. Wenn sich Kinder vor der Dunkelheit fürchten, können Eltern ein schwaches Licht brennen lassen oder ihrem Kind ein Nachtlämpchen hinstellen.

Den Tag am besten ruhig ausklingen lassen: keine aufregenden Spiele oder Geschichten und kein Fernsehen mehr. Wichtig ist, den Kindern 'das sichere Gefühl zu geben, daß sie nicht allein sind.

Geschwister sind quirliger

Wenn ein Kind gerade zur Ruhe gekommen ist, macht es das andere wieder munter. Eltern, die in einer solchen Situation ihre Kinder immer wieder zur Ruhe ermahnen, bringen selbst noch Unruhe ins Kinderzimmer. Klären

Sie deshalb die Situation nur einmal, ermahnen Sie Ihre Kinder eindringlich zur Ruhe, und schließen Sie die Tür. Nach einiger Zeit werden die Kinder müde und schlafen ein.

Das Bett ist kein Erziehungsinstrument

Größeren Kindern kann man nach dem Zubettgehen noch eine begrenzte Zeit zur Verfügung stellen. Dann muß aber konsequent das Licht gelöscht werden.

Was darf das Kind im Bett machen? Darf es sich auch Bilderbücher ansehen, spielen, Kassetten hören? Sie werden sich wundern, wie fest ein Kind auf harten Bauklötzchen schlafen kann – Sie können sie später immer noch herausziehen, damit das Kind nicht dadurch aufwacht.

- Ist das Bett gemütlich, daß sich das Kind auch tagsüber gern jederzeit dorthin zurückzieht und vielleicht mit seinen Stofftieren spielt?
- Oder stecken Sie Ihr Kind manchmal zur Strafe ins Bett, z. B. wenn es seine Spielsachen wild umherwirft? Dann dürfen Sie sich nicht wundern, wenn es nicht in seinem Bett schlafen will und sich ganz generell gegen das Einschlafen sträubt!

Eine gute und harmonische Stimmung zwischen Eltern und Kindern erleichtert das Einschlafen.

Eltern wollen abends für sich sein

Und das sollten sie den Kindern auch sagen! Denn die spüren oft genug, daß all die vorgeschobenen Argumente wie »Der Teddy ist auch schon ganz müde« nicht ganz ehrlich sind. Wenn man kleine Kinder ihren Schlaf- und Wachrhythmus selbst bestimmen läßt, ist es möglich, daß Kinder morgens vor fünf Uhr aufstehen und spielen wollen. Kinder, die sehr früh aufstehen, sollten Eltern abends länger aufbleiben lassen, damit sie morgens länger schlafen.
Kindern, die bis spät in die Nacht nicht einschlafen können, sollte man den Mittagsschlaf streichen oder sie morgens früher wecken. Mit älteren Kindern kann man vereinbaren, daß sie von einer bestimmten Zeit an allein in ihrem Zimmer spielen, bis sie müde sind, damit die Eltern auch mal für sich sein können.

Oft hilft es, wenn man den individuellen Schlafrhythmus der Kinder berücksichtigt und die Schlafenszeiten flexibel regelt.

Der Mittagsschlaf – wie notwendig ist er?

Beim Thema Mittagsschlaf gehen die Ansichten weit auseinander.

- Müssen Kinder mittags schlafen?
- Wie lange müssen sie? Bis zu welchem Alter?

Die meisten Zweijährigen schlafen mittags, die meisten Fünfjährigen nicht mehr. Aber es gibt Zweijährige, die man, wenn man sie mittags zum Schlafen bringt, abends nicht ins Bett kriegt, und Sechsjährige, die sich nach der Schule hinlegen. Das mag auch wechseln – während der ersten Schultage nehmen manche Kinder den Mittagsschlaf wieder auf, selbst wenn sie seit Jahren keinen Mittagsschlaf mehr gehalten haben. Wenn Kinder die Erfahrung machen, daß man schlafen darf und nicht muß, schlafen Kinder so lange, wie sie zur Erholung brauchen.

Wenn ein Kind da ist, ändert sich eine Partnerschaft. Damit sie nicht unter dem Kind leidet und niemand sich vernachlässigt fühlt, müssen die Ehepartner auch Zeit haben, um z.B. ihre Liebesbeziehung zu pflegen.

Wer es sich leisten kann, sollte getrost mit dem Kind eine kurze Siesta halten.

Letztlich holen sich alle Kinder die Menge an Schlaf, die sie wirklich brauchen. Der Mittagsschlaf ist dazu nicht in jedem Fall erforderlich.

Viele Mütter machen beim Mittagsschlaf dieselbe Erfahrung: Jeden Tag nach dem Mittagessen wird das Kind hingelegt, aber jeden Tag macht es dann erst mal Theater. Es hat noch Durst, es muß auf die Toilette oder braucht dringend ein Spielzeug. So kann es sehr lange dauern, bis das Kind endlich schläft, aber dann schläft es lange und fest. Am späten Nachmittag wacht es wieder auf und ist noch viele Stunden lang munter. Am Abend wiederholt sich diese Prozedur. Was tun?

Wie sich Kinder mittags ausruhen können

Tobt sich das Kind am Vormittag richtig aus? Oder schläft es morgens lange? Dann braucht es den Mittagsschlaf nicht mehr und ist mit einer kurzen Ruhepause ausreichend versorgt. Vielleicht lehnt es sein Bett auch ab, weil inzwischen so viele unangenehme Erfahrungen damit verbunden sind. Es wehrt sich aus Prinzip und unterdrückt das Schlafbedürfnis. Kinder müssen sich zur Mittagsruhe nicht ausziehen und ins Bett legen. Manchen genügt eine Kuschelecke, wo die Mutter etwas vorliest,

oder beide leise Musik hören und sich entspannen. Ein Kind kann sich auch in seinem Zimmer aufhalten, eine Kassette mit Gutenachtgeschichten oder ruhiger Musik anhören oder in der Kuschelecke spielen.
Wenn Kinder mittags schlafen, sollte es in der Wohnung leise sein. Komplizierter wird es, wenn zwei Kinder einschlafen sollen und immer eines das andere wieder aufwirbelt. Dann sollte die Mutter eines der Kinder ins Elternschlafzimmer legen. Bei mehr als zweien dürfte das freilich Schwierigkeiten bereiten.

Der Mittagsschlaf im Kindergarten

Es gibt Kindergärten, in denen noch Fünfjährige mittags still liegen müssen, selbst wenn sie beim besten Willen nicht schlafen können. Hier sollten Eltern mit der Kindergartenleitung sprechen. Derart starre Regeln für den Mittagsschlaf sind nicht im Interesse der Kinder. Eher sind sie im Interesse der Erzieherinnen, die eine Pause machen wollen. Wenn die Erzieherinnen darauf bestehen, daß sich mittags alle zur Ruhe legen, sollten diejenigen, die nach einer halben Stunde nicht eingeschlafen sind, hinausgehen und spielen dürfen, natürlich ohne die anderen dabei aufzuwecken.

Etwa mit einem Jahr hat der kindliche Schlaf-wach-Rhythmus Ähnlichkeit mit dem von Erwachsenen. Nachts wird acht bis zehn Stunden geschlafen, tagsüber ein- bis zweimal eine Stunde.

Wie Eltern Probleme mit dem Einschlafen in den Griff bekommen

Der Schlaf liefert die notwendige Erholung für alle geistigen und körperlichen Aktivitäten des Kindes.

- Sorgen Sie dafür, daß Ihr Kind ausreichend lange schläft. Ein Kind, das viel quengelt, obwohl es keinen Hunger hat und auch nicht spielen will, ist meist übermüdet.

- Kleinkindern, die den ganzen Tag körperlich sehr aktiv sind, bietet der Mittagsschlaf die notwendige Erholung für den Nachmittag und Abend.
- Wenn Kinder über mehrere Wochen hinweg mittags schlecht einschlafen und anschließend nur kurz, d.h. weniger als eine Stunde, schlafen, kann das Kind auf den Mittagsschlaf verzichten.
- Das Zubettgehen markiert das Ende eines Tagesabschnittes bzw. des ganzen Tages. Bringen Sie deshalb Ihr Kind regelmäßig zu denselben Zeiten zu Bett. Nehmen Sie sich viel Zeit für das Zubettgehen, damit das Kind lernt, den Schlaf als etwas Angenehmes zu empfinden.

Jeden Abend die gleichen Einschlafrituale

Zum Beispiel Anna

Wem das Zubettgehritual einmal zum Hals heraushängt, sollte sich eine »Auszeit« nehmen und für einen oder zwei Abende pro Woche einen Babysitter engagieren.

Abends bringt der Vater die zweijährige Anna ins Bett. Was folgt, ist ein ausführliches Einschlafritual.
Anna will eine Gutenachtgeschichte hören. Beim Vorlesen versucht der Vater ein paar Variationen. Aber damit ist Anna nicht einverstanden. Sie korrigiert jede Änderung. Es freut sie, wenn alle Worte an ihrem Platz sind.
Dann, nach der Geschichte, folgt das Schlaflied von den vielen Sternlein. »Und jetzt beten«, erinnert Anna.
An das Gebet werden die Namen von Verwandten und Freunden angehängt, für die Gott um besonderen Schutz gebeten wird. Und wie immer ergänzt Anna: »Und behüte auch den kleinen Teddy und den großen Teddy und alle anderen Kuscheltiere auch. Amen.« Der Vater ist vorsichtig geworden. »Und jetzt noch den Bettzipfel.« Der Vater stopft gehorsam den Bettzipfel hinter Annas linkes Ohr und gibt ihr einen Gutenachtkuß auf die Stirn. »Schlaf gut«, sagt er und geht aus dem Zimmer.

Ganz normale Gewohnheiten

Ziemlich albern kommt Annas Vater sich manchmal vor, wenn er Anna zu Bett bringt. Aber er weiß aus Erfahrung: Wenn er sich nicht genau so verhält, wie Anna es erwartet, wird sie grantig, weint und kann nicht einschlafen. Also läßt er alles so, wie Anna es möchte. Aber was findet Anna an diesem seltsamen Ritual – ist es normal?
Annas Vater sieht ein, daß Vorlesen, Singen und Beten ein guter Tagesabschluß sind. Aber muß es unbedingt immer in dieser Reihenfolge sein? Und warum darf man beim Vorlesen nicht mal ein paar Wörter oder Sätze weglassen, die nicht wichtig sind?
Den Unterschied zwischen wesentlich und unwesentlich kennt Anna noch nicht. Das würde eine Fähigkeit zum Strukturieren verlangen, die sie noch nicht hat. Alle Worte, alle Handlungen, die gestern und vorgestern und am Tag davor ein ruhiges Einschlafen sicherten, sind gleich wichtig. Also müssen alle auch genau so wiederholt werden. Das gibt ihr Sicherheit, beruhigt und hilft beim Einschlafen.

Eine scheinbar komplizierte Abfolge von Tätigkeiten vor dem Zubettgehen ist auf lange Sicht weniger anstrengend als tägliches Weinen und Schimpfen.

Für einen problemlosen Wechsel ins Land der Träume muß sich ein Kind bei den Eltern sicher und geborgen fühlen.

Das Elternbett ist die Rettung, egal ob es sich um Alpträume, schlechte Noten, den Verlust des geliebten Teddys oder die Eifersucht auf jüngere Geschwister handelt.

Die Kinder im Bett der Eltern

Richtig gut schlafen viele Kinder nur im Elternbett. Aber wie sehen das die Eltern?
Als ich vor vielen Jahren meine Arbeit in einer Erziehungsberatungsstelle begann, gehörte in jede Anamnese die Frage: »Hat das Kind ein eigenes Bett?« Heute haben zwar alle Kinder ein eigenes Bett, aber die meisten schlafen nicht gern dort. Wenn sie nachts aufwachen, machen sie sich mit Kissen und Teddy auf den Weg dorthin, wo es warm, sicher und gemütlich ist – ins Elternbett. Und Kinder wachen nachts häufig auf. Viele Eltern rücken dann ein Stück zur Seite, versuchen, damit zurechtzukommen. Aber richtig finden sie es nicht, denn sie vermuten, daß sie zu nachlässig, zu inkonsequent sind und daß sie in diesem Punkt viele Fehler machen. Falsch – sehr viele kleine Kinder flüchten nachts immer wieder ins Bett der Eltern!

Sind die Eltern schuld?

Aus der Sicht der Kinder ist nichts dagegen zu sagen, daß sie mit den Eltern im Elternbett schlafen. Einige Eltern ziehen aus dieser Situation eine ganz praktische Konsequenz. Statt sich Nacht für Nacht zu mehreren in zu engen Betten zu drängeln, bauen sie ein breites Familienbett, in dem Platz genug für alle ist. Für die Kinder ist das eine gute Lösung. Und für die Eltern?

Auf die Bedürfnisse der Kinder eingehen

Eltern brauchen nicht zu befürchten, daß Kinder diese Gewohnheiten weit über das Kleinkindalter hinaus beibehalten. Eines Tages wollen die Kinder von sich aus oder nach sanftem Anstoß – aus Stolz über ein neues Bett oder ein neugewonnenes Maß an Selbständigkeit – in ihrem eigenen Bett schlafen. Aber das kann dauern! Nicht alle Eltern möchten es hinnehmen, daß sie ihr Bett jahrelang mit ihren Kindern teilen müssen. Sie möchten gern abends im Bett noch lesen, sich unterhalten; sie fühlen sich beim Schlafen ganz einfach durch die Kinder gestört.

Kompromisse helfen weiter

Aus diesem Grund sollten sie nach Kompromissen suchen, mit denen alle gleichermaßen leben können. Manche Eltern tragen das Kind ins eigene Bett zurück, sobald es wieder eingeschlafen ist. Kommt es aber mehrmals in jeder Nacht oder kommen gar zwei, wird das ziemlich strapaziös. Es ist auch keine Dauerlösung, wenn ein Elternteil sich vertreiben läßt. Manche Eltern nehmen lieber in Kauf, mehrmals nachts zum Trösten und Beruhigen ins Kinderzimmer zu gehen, das Kind aber zu überzeugen, daß es dort bleibt. Dennoch sollte man vermeiden, die Situation überzubewerten.

Ein Teufelskreis: Wer nachts immer wieder geweckt wird, ist unausgeschlafen und verliert auch leichter die Nerven, wodurch das Problem immer mehr Gewicht bekommt.

Nur Geduld, irgendwann kehren alle Kinder in ihr eigenes Bett zurück.

So lernen Kinder, im eigenen Bett durchzuschlafen

Zu dritt oder zu viert in einem Bett – das ist für viele Eltern keine Lösung auf Dauer. Sie wünschen sich, daß ihre Kinder im eigenen Bett leicht einschlafen können und dort die ganze Nacht zuverlässig durchschlafen.

Keine Angst vorm Schlafengehen

- **Nehmen Sie sich für das Zubettgehen viel Zeit. Sprechen Sie mit Ihrem Kind darüber, daß es sich nicht fürchten muß, wenn es allein im Dunkeln aufwacht.**
- **Geben Sie Ihrem Kind ein Schmusetier mit ins Bett, das ihm hilft, ohne die Zuwendung der Eltern wieder einzuschlafen, wenn es nachts einmal aufwacht.**
- **Wenn Ihr Kind nachts aufwacht und nicht alleine einschlafen kann, sollten Sie versuchen, es im eigenen Bett zu beruhigen. Sanftes Streicheln, tröstende Worte und ein Fläschchen mit Tee helfen dabei.**
- **Legen Sie genau fest, zu welchen Zeiten Ihre Kinder im Elternbett willkommen sind. Sie können so z.B. für den Samstag- und Sonntagmorgen ausgedehnte Schmusestunden einführen.**

Auch wenn es oft schwerfällt: auf Provokationen nicht mit Ärger reagieren. Mit viel Geduld und Zuwendung können Schlafprobleme nach und nach abgebaut werden.

Hilfsbedürftigkeit oder Tyrannei?

Eltern müssen selbst herausfinden, wann bei ihren älteren Kindern, die sie nachts ständig rufen, die Hilfsbedürftigkeit aufhört und wann die Tyrannei beginnt.
Eltern, die nachts immer wieder aus dem Bett geholt werden, sollten mit ihren Kinder sprechen, um herauszufinden, warum sie ständig gerufen werden. Wenn ein Kind schlecht träumt und deshalb um Hilfe ruft, sollten Eltern verständnisvoll reagieren, es in seiner Angst trösten und

dem Kind erklären, daß es wegen eines Traums keine Angst haben muß und allein wieder einschlafen kann. Wenn Kinder dagegen ihre Eltern nachts nur deshalb rufen, weil sie eine Hilfestellung brauchen, sollten die Eltern das Notwendige bereithalten:
Gegen den Durst hilft ein Glas Wasser neben dem Bett. Den Topf kann das Kind selbst unter dem Bett vorholen – damit man ihn sieht, kann ein Nachtlicht brennen. Wenn Kinder für das nächtliche Aufwachen eine feste Gewohnheit ausbilden – etwa jedesmal einen Schluck Wasser trinken –, können Eltern ihren Kindern auf diese Weise helfen, ohne ihre Hilfe auszukommen.

Die eigene Haltung überprüfen

Etwas schwieriger wird es, wenn die Partnerschaft der Eltern nicht harmonisch ist. Kinder spüren dies sehr genau. Kommen sie dann nachts, könnte dies der unbewußte Versuch sein, Streit zwischen Papa und Mama zu verhindern.
Gibt es beispielsweise einen Riß in der Partnerschaft, könnte ein Ehepartner die Anwesenheit des Kindes unbewußt sogar begrüßen, um eventuellen Annäherungsversuchen vorzubeugen. Dies spürt das Kind und erhält somit die Botschaft, nicht nur erwünscht, sondern sogar notwendig für den Erhalt der Ehe der Eltern zu sein. Das wird es dazu veranlassen, nachts immer wieder ins Bett der Eltern zu kommen.
So unglaublich es auch klingen mag, aber selbst das Verantwortungsbewußtsein der Eltern könnte die nächtlichen Störungen aufrechterhalten. Haben sie tagsüber wenig Zeit für ihr Kind und deshalb Schuldgefühle, könnten sie die Forderung nach Aufmerksamkeit bei Nacht als gerechte Strafe für die Vernachlässigung tagsüber empfinden. Und damit geben sie ihren Kindern sozusagen das Recht, sie zu stören.

Wenn Eltern tagsüber zuwenig Zeit für ihre Kinder haben, holen sich diese die Zuwendung eben nachts. Haben Sie schon einmal über diese Möglichkeit nachgedacht?

Väter möchten heute mehr Zeit mit ihren Kindern verbringen als ihre eigenen Väter mit ihnen.

Mit und ohne Kind unterwegs

Schadet Alleinsein einem Kind? Ab welchem Alter können Kinder das Alleinsein lernen?
Neulich war ich bei einer Abendveranstaltung in der Universität. Neben mir saß ein junges Paar mit einem kleinen Baby. Abwechselnd hielten sie das schlafende Kind im Arm; als es nach längerer Zeit aufwachte und zu nörgeln begann, wurde es gestillt. Dann schlief es weiter. Ich finde, diese Eltern haben für ein altbekanntes Dilemma eine einfache und gute Lösung gefunden. Denn auch Eltern kleiner Kinder haben das Bedürfnis, abends gelegentlich gemeinsam wegzugehen.

Ausgehen mit dem Baby

Babys brauchen zum Schlafen nicht unbedingt absolute Ruhe. Manche schlafen sogar im größten Trubel am besten.

Eltern sollten ihre kleinen Kinder nie über Stunden hinweg allein zu Hause zu lassen. Selbst das Baby, das noch nicht allein aus seinem Bettchen kommt, kann hilflos schreien, es kann die Decke wegstrampeln, sich in Kissen vergraben, in Bändern von Spielzeug oder Strampeldecken verheddern, vor Erregung erbrechen ... Und selbst wenn diese körperlichen Gefahren nicht eintreten – allein die Möglichkeit, daß ein Kind Angst hat, sich verlassen und hilflos fühlt, sollte Grund genug sein, es dieser Situation nie auszusetzen.
Babys lassen sich in ihrem Schlaf kaum stören. Anders als Kleinkinder haben sie noch keine festen Schlafgewohnheiten; sie schlafen in ganz unterschiedlichen Situationen leicht ein, und es stört sie nicht einmal sehr, wenn sie während des Schlafens kurz geweckt werden.

Erscheint es Ihnen unpassend, Ihr Baby mit ins Kino oder Theater zu nehmen? Sie können sich an den Rand setzen, und wenn das Baby zu unruhig wird, müssen Sie eben hinausgehen.
Auch das Stillen wird heute in der Öffentlichkeit nicht mehr als störend empfunden. Gerade für Mütter, die stillen oder ihr Kind allein erziehen, ist das die einzige Möglichkeit, mal abends wegzukommen. Noch einfacher ist es beim Besuch von Freunden. Da gibt es meist sogar ein ruhiges Nebenzimmer, in das man das Kind legen, wo man es ungestört stillen oder füttern kann.

In der heutigen Zeit bedeutet ein Kind keineswegs mehr das Ende aller gesellschaftlichen Unternehmungen.

Im Tragetuch spürt das Baby die mütterliche Wärme und Sicherheit ganz unmittelbar.

Babysitter sind bei Kindern meist sehr beliebt, weil sie etwas Abwechslung in das übliche Abendprogramm bringen.

Ältere Kinder einem Babysitter anvertrauen

Schwieriger wird es mit älteren Kindern, die nicht mehr in ungewohnter Umgebung schlafen. Sie sind zu groß, um überallhin mitgenommen, aber zu klein, um allein gelassen zu werden. Die Gefahren, die ihnen jetzt drohen, wenn sie allein gelassen werden, sind vielfältiger – sie können sich aus der Wohnung aussperren, aus dem Fenster fallen, sich verletzen, vergiften, verbrühen. Sie geraten auch leichter in Panik, wenn sie nachts aufwachen und niemanden vorfinden. Wenn mehrere Kinder alleine, zu Hause sind, nutzen sie vielleicht die Gelegenheit für gefährliche Experimente oder jagen sich gegenseitig Angst ein. So entstehen leicht riskante Situationen, die die Kinder meist überfordern. Aus diesem Grund sollten Kinder grundsätzlich erst dann über mehrere Stunden zu Hause gelassen werden, wenn sie in der Lage sind, in unvorhergesehenen Situationen die Wohnung zu verlassen und Nachbarn um Hilfe zu bitten oder zu telefonieren – und wenn sie das auch ohne Angst tun.

Auch Kinder haben gerne mal frei von den Eltern.

Geeignete Betreuungsmöglichkeiten

Manche Eltern glauben, eine Lösung gefunden zu haben, wenn sie dem Kind nicht sagen, daß sie abends weggehen. Da sie die Erfahrung gemacht haben, daß das Kind tief und fest durchschläft, halten sie das für sicher. Man muß aber ausdrücklich davor warnen. Viele Male kann das gutgehen, aber einmal wacht das Kind eben doch auf, sucht die Eltern, findet sie nicht und gerät womöglich in Panik, weil es darauf überhaupt nicht vorbereitet ist.
Suchen Sie deshalb nach einer passenden Betreuungsmöglichkeit für Ihr Kind, wenn Sie nicht zu Hause sind.

Kinder übernachten gern bei Freunden

Kinder übernachten z.B. gern bei Freunden, bei den Großeltern oder bei Tante und Onkel. Wenn die Freunde und Verwandten der Eltern selbst Kinder haben, können beide die Kinder immer wieder gegenseitig für einen Abend oder sogar ein ganzes Wochenende einladen.
Eine solche Lösung verschafft Eltern und Kindern Freiräume und bringt eine willkommene Abwechslung in den Familienalltag.

Mit der besten Freundin das Bett zu teilen und vor dem Einschlafen noch zu tuscheln und zu kichern, ist ein ganz besonderes Vergnügen.

Vielleicht paßt die Nachbarin auf?

Wenn im Freundes- und Familienkreis keine Betreuungsmöglichkeit vorhanden ist, die Eltern aber dringend jemanden brauchen, der sich um ihre Kinder kümmert, sind sie auf einen Babysitter angewiesen.
Bevor Sie Ihre Kinder von Fremden betreuen lassen, sollten Sie selbst und Ihre Kinder die Betreuer schon längere Zeit kennen und sicher sein, daß sie die Kinder gern versorgen, mit ihnen spielen und der Aufgabe insgesamt gewachsen sind.
Vielleicht sind Nachbarn gern bereit, sich um die Kinder

zu kümmern? Wenn Sie in der Gegend noch niemanden kennen, können Sie über ein Zeitungsinserat oder Anschläge in der Nachbarschaft Kontakte knüpfen.
Wenn Sie ganz sichergehen wollen, können Sie bei der Kirche oder dem Jugendamt nachfragen. Das Jugendamt vermittelt auch Betreuer, wenn Sie selbst erkrankt sind und sich nicht um Ihr Kind kümmern können.
Es gibt auch Organisationen, die sich zu Hause um kranke Kinder kümmern, wenn die Eltern beide berufstätig sind und sich nicht freinehmen können.

Manche Kinder wollen sich nicht von den Eltern trennen

Hören Sie auf Ihre innere Stimme, wenn ein Babysitter sich vorstellt. Kinder spüren intuitiv, ob der Babysitter Ihr Vertrauen hat und reagieren dementsprechend. Sagen Sie auch mal nein, wenn Sie befürchten, daß die Harmonie gestört ist.

Selbst wenn die Eltern sich noch so fürsorglich um eine geeignete Betreuung gekümmert haben – manche Kinder wollen einfach nicht akzeptieren, daß ihre Eltern Lust haben, einmal etwas allein zu unternehmen. In diesem Fall sollten die Eltern aufmerksam prüfen, ob die Ängste des Kindes wirklich berechtigt sind.
Manche Kinder geraten nur bei der Trennungssituation in Panik und beruhigen sich schnell wieder, wenn sie sich an die neue Situation gewöhnt haben. Andere schreien stundenlang und lassen sich vom Babysitter nicht beruhigen. Wenn Kinder ihren Babysitter nicht akzeptieren können, liegt es oft daran, daß sie grundsätzlich scheu und ängstlich sind und ihnen nur die ständige Anwesenheit von Vater oder Mutter ein Gefühl der Sicherheit gibt.
Kinder, die von klein auf sehr häufig und von sehr vielen verschiedenen Personen betreut werden, sind im Kleinkindalter sehr verunsichert und hängen besonders intensiv an den Eltern. Wenn Eltern ihre Kinder häufiger von anderen betreuen lassen, sollten sie dafür sorgen, daß sich nur einige wenige Menschen intensiv um ihre Kinder kümmern. Dann können Kinder zu anderen Vertrauen fassen und sie als Bezugspersonen akzeptieren.

So kommen ältere Kinder auch ohne ihre Eltern zurecht

Wichtige gesellschaftliche Verpflichtungen oder eine Notlage in der Familie – es gibt viele Gründe, warum Kinder hin und wieder abends oder manchmal mehrere Tage ohne Eltern, bei Verwandten oder Freunden, zurechtkommen müssen.

Was es zu bedenken gilt

- **Lassen Sie Ihre Kinder solange nicht allein zu Hause, bis Sie absolut sicher sind, daß sie sich nicht selbst gefährden, z. B. mit Feuer oder Elektrogeräten usw.**
- **Kinder, die sich bereits stundenweise allein zu Hause versorgen können, sollten genau wissen, wie sie sich in verschiedenen Notlagen verhalten müssen. Halten Sie deshalb wichtige Telefonnummern wie z. B. die Nummer des Notarztes und der Feuerwehr und die Nummer, unter der Sie selbst zu erreichen sind, bereit. Zusätzlich sollten Sie Ihre Nachbarn verständigen.**
- **Kleinere Kinder dürfen auf keinen Fall unbeaufsichtigt bleiben. Das gilt auch für abends, wenn sie schlafen.**
- **Wenn Sie Ihr Kind einem Babysitter anvertrauen, sollten Sie frische Wäsche, Fläschchen und Schnuller zurechtlegen und für den Notfall die Nummer des Kinderarztes bereitlegen.**
- **Kinder, die mehrere Tage bei Verwandten oder Freunden verbringen müssen, vermissen ihre Eltern und ihre gewohnte Umgebung. Informieren Sie über die besonderen Gewohnheiten Ihrer Kinder und wie sie zu Hause den Tag verbringen.**

Gut vorbereitet können Aufenthalte bei Freunden oder Verwandten die Selbständigkeit der Kinder fördern. Es kann allerdings auch Heimweh geben, wenn sie mit der neuen Umgebung nicht gleich zurechtkommen.

Eines Tages holt sich das Kind seinen Topf ganz von selbst. Es spürt, daß es »muß«.

Noch immer Bett und Hose voll?

Lange wurden Kinder, die über ein bestimmtes Alter hinaus noch ins Bett machten, behandelt, als hätten sie einen Charakterfehler. Sie wurden gedemütigt und bestraft, als hätten sie es mit Absicht getan und brauchten sich nur vorzunehmen, damit aufzuhören. Dabei bewirken solche Methoden nur das Gegenteil. Je ängstlicher und verzagter so ein Kind wird, desto eher wird daraus ein seelisches Problem. Wann muß ein Kind »sauber« sein – gibt es dafür bestimmte Normen? Natürlich nicht!

Die körperliche Reife ist die wichtigste Voraussetzung

Beginnen Sie nicht zu früh mit der Erziehung zur Sauberkeit. Fördern Sie das natürliche Bedürfnis Ihres Kindes nach Sauberkeit, wenn es zum Ausdruck kommt.

Erst im Alter von etwa zwei Jahren ist das Kind in der Lage, seine Schließmuskeln zu kontrollieren. Alle Erziehungsversuche vor dieser Zeit sind verlorene Mühe, bringen nur mit viel Aufmerksamkeit und Glück ein notgedrungen unvollkommenes Ergebnis. Viel Schaden allerdings kann angerichtet werden mit ständigen Bemühungen und Strafen, die dem Kind uneinsichtig bleiben müssen, da es das Geforderte nicht leisten kann.
Manche Eltern kommentieren die vollen Windeln ihres Kindes mit Ablehnung und Ekel und versuchen so, ihr Kind dazu zu erziehen, auf das Töpfchen zu gehen. Kinder, die auf diese Weise zu früh oder zu rigoros zur Sauberkeit angehalten werden, müssen daraus schließen, daß ein Teil von ihnen schmutzig und eklig ist. Sie verlieren die unbefangene Freude an ihrem Körper, ekeln sich viel-

leicht in Zukunft vor allem Weichen und Matschigen – und das gilt dann auch für so kreative und nützliche Dinge wie »Eierpampe«, Ton, Kuchenteig oder Tapetenleim.

Was hat das Töpfchen mit Sexualität zu tun?

Wenn Eltern ihr Kind so früh wie möglich sauber haben wollen, verbringen sie mit Erziehungsmaßnahmen viel Zeit. Die Erfolge und häufigen Rückschläge bei der Sauberkeitserziehung sind für Monate oder gar Jahre das Problem Nummer eins.
Ein Kind, das dafür bestraft wird, daß es immer wieder in die Hose macht oder im Kindergartenalter noch Windeln braucht, muß aus der Kritik der Eltern schließen, daß es die Erwartungen der Eltern nicht erfüllt, nicht so ist, wie sich Eltern ihr Kind wünschen. Wenn Eltern ihre Kinder immer wieder auf ihre Fehlleistungen ansprechen, fühlen sich Kinder zu Recht beleidigt. Das kann der Anfang einer gestörten Blasen- oder Darmfunktion sein. Eltern sollten deshalb geduldig und nachsichtig abwarten, bis ihr Kind in der Lage und auch bereit ist, seine Ausscheidungen selbst zu kontrollieren.
Achten Sie deshalb darauf, daß Ihr Kind bei der Sauberkeitserziehung die Unbefangenheit und Freude an seinem Körper nicht verliert.

Das Sauberwerden hat nichts mit einer zu bewertenden Leistung zu tun. Es gehört zu den Erfahrungen des Kindes mit seinem Körper, die erlernt werden müssen.

Sauberkeitstraining während der Sommermonate

Lassen Sie im warmen Frühjahr und im Sommer vorübergehend die Windeln ganz weg, und ziehen Sie dem Kind lange, baumwollene Hosen an. Ein Kind empfindet dann seine Ausscheidungen als sehr unangeneh; es ist dann eher bereit, das Töpfchen zu benutzen. Bei manchen stellt sich der Erfolg mit dieser Methode sehr rasch ein, andere haben immer wieder Rückfälle.

Das Töpfchen soll Spaß machen

Eltern, die mit der Sauberkeitserziehung beginnen wollen, sind sich in einigen Punkten unsicher:

- Soll das Kind eine bestimmte Zeit auf dem Topf sitzen?
- Darf es dabei auch spielen oder Bilderbücher ansehen?
- Was ist besser: Töpfchen oder Kindersitz auf dem WC?

Damit ein Kind von selbst spürt, wann es aufs Töpfchen muß, braucht es eine unbefangene Beziehung zu seinem Körper. Mißerfolge dürfen deshalb nicht mit Strafen geahndet werden.

Diese Fragen können nicht allgemein beantwortet werden. Eltern sollten vielmehr dafür sorgen, daß das ganze »Drumherum« für das Kind angenehm ist – sonst wird es versuchen, die Situation zu vermeiden und lieber heimlich in die Hose machen. Wenn Ihr Kind z. B. gerne Bilderbücher ansieht und sich dabei auch auf das Töpfchen konzentrieren kann, sollten Sie es gewähren lassen. Erfolge müssen gelobt, Mißerfolge dürfen nicht bestraft werden! Manche Mütter setzen ihre Kinder zu ganz festen Zeiten regelmäßig auf den Topf und schwören darauf, mit dieser Methode schon sehr früh Erfolg zu haben. Das kann, wenn man das Kind längere Zeit auf dem Topf sitzen läßt, eine gewisse »Dressur« der Reflexe bewirken und deshalb relativ häufig zum Erfolg führen. Das Kind hat daran aber keinen aktiven Anteil.

Keine Außensteuerung durch die Eltern

Das Kind soll lernen, die eigene Darm- und Blasenspannung als Signal dafür zu erleben, daß es jetzt auf den Topf muß. Übernimmt ein Erwachsener die Bestimmung des Zeitpunkts, lernt das Kind nur, sich auf diese »Außenkontrolle« einzustellen, nicht aber, die Aufmerksamkeit auf die eigenen Empfindungen zu richten. Deshalb ist es besser, das Kind zu fragen: »Mußt Du mal auf den Topf?« und es dann draufzusetzen, wenn es ja sagt. Später wird es von selbst das Töpfchen holen.

Kleine »Zwischenfälle«

Wenn ein Kind mit etwa sechs Jahren noch gelegentlich nachts ins Bett macht, sind seelische Probleme eine mögliche Ursache. Hier stellt sich die Frage: War das Kind schon einmal über längere Zeit trocken? Ein Kind, das mit sechs noch nie ganz trocken war, hat wahrscheinlich nicht gelernt, die volle Blase nachts als Weckreiz zu erleben. Möglicherweise schläft es sehr tief. Oft haben es die Eltern in guter Absicht jeden Abend, bevor sie selbst ins Bett gingen, noch einmal geweckt und auf den Topf gesetzt. Es entwickelte keine innere Kontrolle, weil die Kontrolle stets von außen kam.
Viele Eltern versuchen auch, bei Kindern, die sehr lange ins Bett machen, abends das Trinken einzuschränken. Das bewirkt nur das Gegenteil. Kinder sollten immer wieder dazu angehalten werden, selbst zu prüfen, ob sie aufs Töpfchen müssen oder nicht. In hartnäckigen Fällen kann ein Trainingsapparat helfen, dessen Kosten meist von der Kasse übernommen werden. Kinder, die lange einnässen, leiden selbst sehr unter ihren Mißerfolgen. Sie beginnen, sich zu schämen; die Eltern machen Vorwürfe oder zeigen sich zumindest verunsichert und besorgt. In einem solchen Fall sollten Eltern einen Therapeuten hinzuziehen und vorher bei der Krankenkasse die Übernahme der Kosten sicherstellen.

Allein der Begriff »Sauberwerden« beinhaltet eine positive Bewertung durch die Erwachsenen. Für Kinder sind Ausscheidungen aber weder »sauber« noch »schmutzig«.

Keine Angst vor Rückfällen

- Das Kind bekommt ein Geschwister.
- Krisensituationen verunsichern.

Was ist nun mit den Kindern, die, nachdem sie bereits sauber waren, später wieder öfter ins Bett machen? Die häufigste Situation, in der dies auftritt, ist die Geburt eines Geschwisters. Das ältere Kind reagiert verunsichert

Aufmerksam sollte man werden, wenn ein Kind einnäßt, nachdem es schon ein halbes Jahr lang trocken war oder wenn es mit vier Jahren noch regelmäßig in die Hose macht.

auf die intensive Zuwendung, die die Eltern dem Neugeborenen zukommen lassen. Es kann auch sonst vorübergehend in seiner Entwicklung zurückfallen, nuckelt wieder, spricht schlechter und reagiert unbewußt nach dem Motto: »Wenn ich wieder kleiner werde, müßt ihr euch auch mit mir mehr beschäftigen!«
Viele andere Situationen können zum erneuten Bettnässen führen, z.B. ein Krankenhausaufenthalt, die Trennung der Eltern, Probleme in der Schule usw. Ohne therapeutische Hilfe ist es schwierig, im Einzelfall hinter die Ursache(n) zu kommen. Solange das Kind, das weit über die übliche Zeit gelegentlich nachts ins Bett macht, munter und fröhlich ist, sollten die Eltern gelassen bleiben und abwarten.
Unbedingt hilfreich ist es, wenn Eltern ihr Kind, das immer wieder unter seinen Rückfällen leidet, für seine Erfolge besonders loben. Es kann z.B. seine trockenen Nächte in einem Kalender mit einem bunten Bildchen markieren. »Ausrutscher« werden zwar nicht schweigend übergangen, aber auch nicht hochgespielt.

Das Selbstvertrauen stärken

Eltern sollten sich immer vor Augen halten, daß ihr Kind, wenn es in die Hose macht, selbst darüber unglücklich ist. Es möchte schließlich, daß es für seine Leistungen gelobt wird, daß die Eltern stolz sind und sich nicht schämen müssen. Hinzu kommt, daß es vielleicht auch abseits steht, sich nicht traut, bei Freunden oder Freundinnen zu übernachten oder an Klassenfahrten teilzunehmen, weil es fürchtet, sich ganz entsetzlich zu blamieren. In diesem Falle hilft alles, was das Selbstbewußtsein stärkt und was dem Kind zeigt, daß es geliebt wird, so wie es ist. Ängste, Scham- und Schuldgefühle sollten ausgesprochen werden, dann verlieren sie an Macht. Schließlich bleibt noch die Frage, inwieweit die

Eltern selbst unbewußt dazu beitragen, daß ihr Kind nicht sauber wird. Vielleicht möchten sie es – ohne dies bewußt zu beabsichtigen, versteht sich – abhängig halten, um sich so z.B. darüber hinwegzutrösten, wenn die Partnerin einen Geliebten hat.

Damit die Erziehung zur Sauberkeit klappt

- **Warten Sie mit Ihren Bemühungen zur Sauberkeitserziehung ab, bis das Kind mit etwa zwei Jahren seine Ausscheidungen bewußt wahrnimmt. Manche Kinder bitten ihre Eltern dann um eine frische Windel, wenn die alte voll ist.**
- **Manche Kinder ängstigen sich vor dem Töpfchen. Setzen Sie Ihr Kind zur Gewöhnung bekleidet aufs Töpfchen und zeigen Sie ihm, daß das Lieblingstier gerne draufsitzt.**
- **Versuchen Sie, Ihrem Kind klarzumachen, daß Töpfchen oder Toilette ein Schritt zum Erwachsenwerden sind.**
- **Das Töpfchen darf für das Kind nicht unangenehm sein. Gestalten Sie deshalb die Situation so, daß das Kind gerne aufs Töpfchen geht.**
- **Achten Sie darauf, daß es im Zimmer warm genug ist, sonst verkrampfen die Schließmuskeln.**
- **Loben Sie Ihr Kind, wenn das Töpfchen voll ist, zeigen Sie ihm, was es im Töpfchen hinterlassen hat.**
- **Wenn es mit dem Töpfchen am Anfang der Sauberkeitserziehung nicht gleich klappt, sollten Eltern geduldig abwarten, das Töpfchen für einige Wochen wegräumen und es später erneut versuchen.**
- **Reagieren Sie gelassen bei Rückfällen. Wenn sie sich aber häufen oder vielleicht sogar zur Regel werden, sollten Sie mit dem Kinderarzt sprechen.**

Eltern können davon ausgehen, daß ein Kind mit etwa fünf Jahren den Zusammenhang von Blasendruck, zur Toilette gehen, Hose aufknöpfen und Pipimachen verinnerlicht hat.

Nicht alle Babys lieben den Schnuller. Manche ziehen den eigenen Daumen vor.

Daumen und andere Trostspender

Viele Kinder finden mit der Zeit ihre eigene Methode, sich selbst zu beruhigen. Sie nuckeln, drücken dabei vielleicht ihre Nase noch in eine Schmusedecke, drehen mit den Fingern in den Haaren oder schaukeln mit dem Kopf. Eltern sind oft irritiert, wenn sie bei ihren Kindern solche Verhaltensweisen beobachten.
Besonders dem Daumenlutschen haben schon viele Generationen den Kampf angesagt.
Sie kennen bestimmt die Geschichte vom Daumenlutscher aus dem »Struwwelpeter«: »Und vor allem, Konrad, hör, lutsche nicht am Daumen mehr! Denn der Schneider mit der Scher' kommt sonst ganz geschwind daher, und den Daumen schneidet er ab, als wenn Papier es wär'!«

Der Saugreflex ist völlig natürlich und funktioniert schon im Mutterleib. Es hat keinen Sinn, mit mehr oder weniger sanfter Gewalt dagegen vorzugehen.

Das Saugen ist ein angeborenes Verhalten

Mit furchteinflößenden Geschichten wie der im »Struwwelpeter» hat man früher versucht, kleinen Kindern die Lust am Daumenlutschen zu verderben. Heute erscheint es unmenschlich, in dieser Weise mit Angstmacherei zu erziehen. Doch noch immer versuchen Eltern mit sanfteren Methoden, ihren Kindern das Daumenlutschen und den Schnuller abzugewöhnen. Wieso eigentlich?
Ab welchem Alter sollen Kinder nicht mehr am Daumen lutschen? Als 1965 der schwedische Fotograf Lennart Nilsson seine sensationellen Fotos von Ungeborenen im Mutterleib veröffentlichte, war darunter eines, das einen Fötus von vier Monaten mit dem Daumen im Mund zeig-

te. Der Saugreflex des Kindes ist also schon vorhanden, bevor es geboren wird. Er sichert die lebensnotwendige Ernährung und hilft ihm auch, sich selbst zu beruhigen. Deshalb finden viele schon sehr früh das eigene Fäustchen, um daran zu saugen, oder akzeptieren einen Schnuller.

Wie oft Kinder diese Tröster in den folgenden Jahren brauchen, hängt auch davon ab, wie oft sie sich erregt oder trostbedürftig fühlen und wie gut sie gelernt haben, damit allein zurechtzukommen. Es ist ein Zeichen von Selbständigkeit, wenn Kinder sich allein trösten und beruhigen können. Auf diesen Gesichtspunkt kommen viele Eltern angesichts ihres nuckelnden Kindes gar nicht. Aber Sorgen macht ihnen dieses Verhalten erst, wenn Kinder sehr häufig den Daumen oder den Schnuller in den Mund stecken und diese Gewohnheit sehr lange beibehalten.

Wie häufig und wie lange darf ein Kind den Schnuller benutzen?

Es gibt seelisch vernachlässigte Kinder, für die das Nuckeln Ersatz sein muß für mangelnde Liebe, Zuwendung, Zärtlichkeit, so daß sie in extremem Maße auf dieses Mittel der »Selbstbefriedigung» angewiesen sind. Deshalb empfinden manche Eltern, deren Kind ständig am Daumen oder am Schnuller nuckelt, dies als unterschwelligen Vorwurf, als ob sie ihm nicht genügend zärtliche Zuwendung geben könnten.
Es ist sicher sinnvoll, wenn die Eltern darüber nachdenken. Andererseits gibt es viele Kinder, die tagsüber fröhlich und ausgeglichen sind und dennoch weiterhin intensiv und ausdauernd nuckeln. Das Bedürfnis nach solchen »Beruhigungsmitteln« ist sehr verschieden.
Und was ist zu lange? Die Maßstäbe dafür, wie lange das

Unter den Kindergartenkindern sind es um die fünf Prozent, die am Schnuller hängen, dagegen lutschen 40 Prozent am Daumen. Dieses Verhalten ist kein Ausdruck mangelnder Zuwendung, wie viele Eltern befürchten.

Saugbedürfnis für »normal« gehalten wird, sind von Kultur zu Kultur, von Zeit zu Zeit verschieden.
Was gibt Eltern also das Recht, ihren Kindern zu einem bestimmten Zeitpunkt den Abschied vom Saugen abzuverlangen?

Vor- und Nachteile abwägen

Manche Zahnärzte befürchten, daß das Daumenlutschen zu dauernden Fehlstellungen der Zähne führt. Diese Gefahr scheint allerdings in den meisten Fällen übertrieben zu sein.

Viele Eltern wollen ihren Kindern den Schnuller oder den Daumen vor allem deshalb abgewöhnen, weil sie von ihrem Zahnarzt darauf hingewiesen werden, daß sich dadurch das Gebiß der Kinder verformt. Lutschen schadet den Zähnen und dem Kiefer, durch ständiges Lutschen werden sie schief und verkümmern. Keine Angst, das normale Saugbedürfnis ist nicht so stark, daß Schnuller oder Daumen den Kiefer dauerhaft schädigen könnten! Selbst

Bei älteren Kindern kann das Daumenlutschen zu einer leeren Gewohnheit werden. Dann sollten Eltern etwas dagegen unternehmen.

wenn der Daumen die Zähne sichtbar vorwölben sollte, ist das noch kein Grund dafür, einem Kind den Schnuller sofort wegzunehmen oder ihm das Daumenlutschen zu verbieten.

Nicht mit Gewalt abgewöhnen

Ganz konkret: Handschuhe oder Senf auf den Daumen streichen oder Metallklammern darüberstecken oder was an Gemeinheiten sonst noch empfohlen wird – solche Erziehungsmethoden sind ein denkbar schlechtes Rezept, wenn Eltern ihrem Daumenlutscher seinen Tröster abgewöhnen wollen. Denn wenn es um die verschiedenen Bedürfnisse des Kindes geht, sollte sein seelisches Wohlbefinden an erster Stelle stehen.

Wer seinem Kind mit Gewalt das Nuckeln abgewöhnt, läuft Gefahr, daß es wieder einnäßt oder anfängt, Nägel zu beißen.

Kinder brauchen Tröster

Es spricht allerdings nichts dagegen, wenn Eltern ihrem Kind im Schlaf vorsichtig den Daumen oder den Schnuller aus dem Mund ziehen, damit das Kind nicht stundenlang daran nuckelt. Eltern sollten immer wieder an die Einsicht des Kindes appellieren, wenn sie den Eindruck haben, das Nuckeln sei nur noch leere Gewohnheit.
Aber niemand sollte seinem Kind mit Gewalt den Nuckel wegnehmen oder den Daumen verbieten, solange es diese für sein Wohlbefinden braucht. Und all die Schnuffeltücher, Schmusedecken, Hasenpfötchen, die dabei noch zum Kuscheln gebraucht werden, verdienen achtungsvolle Behandlung, mögen sie inzwischen aussehen, wie sie wollen. Selbst waschen sollte man sie nur in wirklich dringenden Fällen – und nicht gerade in Zeiten, wenn Kinder ihre Tröster ganz besonders brauchen, z.B. wenn sie krank sind oder wenn die Eltern nicht daheim sind. Denn auch der Geruch hat einen wichtigen Anteil an ihrer tröstenden Eigenschaft.

Gerade wenn das Kind ins Krankenhaus muß oder eine Reise geplant ist – für Eltern oft ein Anlaß, alles, was mit soll, sauber und ordentlich zu machen –, braucht das Kind, um ruhig und getröstet einschlafen zu können, zwischen all den beängstigend fremden Gerüchen den vertrauten Duft von seinem Zuhause.

Übergangsobjekte

Ein probates Mittel, Stofftiere zu desinfizieren, ohne ihnen den spezifischen Geruch zu nehmen: in die Nachwärme des Backofens stecken (80 bis 100 °C).

Etwa ab dem sechsten Monat zeigt das Baby den Eltern ungestüm seine Sympathie. Damit verbunden ist jedoch auch die Erkenntnis, daß sich die geliebten Bezugspersonen entfernen können. Mit etwa acht Monaten fängt das Kind an, sie nicht mehr aus den Augen zu lassen und reagiert mit »Trennungsangst«. Später ist es dann nicht nur die Trennung von den Eltern, sondern auch von der gewohnten Umgebung für einen Krankenhausaufenthalt oder für den Schulausflug. Dann beginnt die Zeit von »Schmusedecke & Co.« Der psychologische Fachausdruck für all die Teddys, Stoffhasen und Kissen lautet »Übergangsobjekt«.

Der beste Freund abends im Bett oder auf Reisen – und für alle Kümmernisse hat er ein offenes Pelzohr.

Warum sind Trostspender für Kinder so wichtig?

- Kleinkinder entwickeln für bestimmte Spielsachen eine besondere Vorliebe. Eines davon – oft ist es das Stofftier, das das Kind zum Schlafen mit ins Bett nimmt – hilft ihm besonders leicht über schwierige Situationen hinweg.
- Kinder kommen oft in neue und ungewohnte Situationen, auf die sie nicht gefaßt waren. Wenn Eltern solche Situationen vorhersehen können, z. B. einen Arztbesuch, sollten sie ein Stofftier als Trostspender immer griffbereit haben, damit das Kind seine Angst leichter überwinden kann.
- Akzeptieren Sie, daß Ihr Kind seinen Trostspender besonders braucht, wenn es krank ist. Gerade dann sollten Sie nicht versuchen, dem Kind den Schnuller oder Daumen abzugewöhnen.
- Wenn ein Kind seinen Schnuller nur noch aus reiner Gewohnheit in den Mund steckt, sollten Eltern ihr Kind darauf hinweisen, daß es den Schnuller als Tröster nicht mehr braucht und deshalb darauf verzichten kann.
- Eltern sollten versuchen, ihrem Kind das Saugen am Schnuller oder am Daumen behutsam abzugewöhnen. Wenn Eltern ihrem Kind von einem Tag auf den anderen den Schnuller wegnehmen und ihm das Daumenlutschen verbieten, schaffen sie nur noch mehr Konflikte.
- Geben Sie deshalb Ihrem Kind, wenn es Trost braucht und nach dem Schnuller verlangt, zunächst nur sein Lieblingsspielzeug. In vielen Fällen können Sie Ihr Kind damit ablenken; mit der Zeit wird es den Schnuller als Trostspender vergessen und ihn bald auch gar nicht mehr verlangen.

Wenn ein Kind viel spielt und sich im Freien bewegt, braucht es Daumen und Schnuller in der Regel nur noch zum Einschlafen.

Für Kinder ist Nacktsein völlig selbstverständlich.

Kinder und Sexualität

Die meisten Kinder fühlen sich vom Bett der Eltern stark angezogen. Oft stehen sie vor dem Elternbett, wenn die Eltern eigentlich überzeugt waren, daß sie gerade fest schlafen. Und so kann es passieren, daß sie die Eltern überraschen, wenn sie gerade intim miteinander beschäftigt sind: »Was macht ihr denn da?«
Für viele Eltern ist das ein Anlaß, schuldbewußt auseinanderzufahren, sich irgendwie herauszureden oder böse zu werden. »So etwas sollte nicht passieren – es könnte dem Kind schaden.«

Sexualität – ein altes Tabuthema

Wer sagt das? Sigmund Freud. Er führte die seelischen Probleme einiger seiner Patienten darauf zurück, daß sie als Kinder versehentlich den sexuellen Verkehr der Eltern mit angesehen hatten, hielt das deshalb generell für verhängnisvoll. Er mag in seiner Zeit sogar recht gehabt haben, denn alles, was mit Sexualität zu tun hatte, war für Kinder zu Beginn unseres Jahrhunderts ein Tabu. Sexualität galt für Kinder als ein großes Geheimnis, über das sie nichts erfuhren. Heimliche Beobachtungen lösten heftige Schuld- und Angstgefühle aus, und Eltern, die sich ertappt fühlten, reagierten mit Strafen. Unter diesen Bedingungen ist es verständlich, daß eine solche Beobachtung tiefe Spuren bei manchen Kindern hinterlassen hat. Doch damals wäre aber auch kein Kind ans Elternbett getreten und hätte Vater und Mutter ungeniert gefragt: »Was macht ihr denn da?«

Die Geschichte der Sexualität ist die Geschichte einer Unterdrückung. Bis zum Mittelalter nahm niemand die lustfeindliche christliche Moral besonders ernst. Ab dem 17. Jahrhundert begann sie sich jedoch durchzusetzen. Das Zeitalter der »bösen Fleischeslust« und des »Klapperstorchs« hatte begonnen. Kindliche Sexualität gab es nicht.

Sexualität als etwas Schönes erlebbar machen

Ob ein Kind durch solche Beobachtungen verwirrt und geängstigt wird oder vielleicht sogar nachhaltig geschädigt werden kann, hängt ganz und gar davon ab, wie sich die Eltern in dieser Situation verhalten. Es gab und gibt auch Kulturen, in denen sich das Sexualleben freizügiger gestaltet als bei uns und in denen Kinder nicht vom Zusehen abgehalten werden. Sexualität gilt dort als etwas Natürliches und Erfreuliches, was zwar in der Abgeschiedenheit stattfinden sollte, sich aber nicht vor den Kindern verstecken muß. In diesen Kulturen nehmen die Kinder das Sexualverhalten der Erwachsenen als etwas ganz Normales auf.

Sexualität in der Familie kennenlernen

Sind Sie der Meinung, daß Sex etwas Unanständiges ist, das nur im Dunkeln stattfindet, worüber man nicht redet? Nein! Heute ist es gar nicht mehr möglich, Kinder vom Beobachten sexueller Aktivitäten fernzuhalten. Man müßte dann das Fernsehen verbieten.
Ist es da nicht besser, wenn sie das Wesentliche über das sexuelle Verhalten Erwachsener von Menschen erfahren, die sie liebhaben, als wenn sie sich Fernsehdarstellungen zum Muster nehmen? Eltern könnten das Kind, das unerwartet ins Schlafzimmer geplatzt ist, verärgert vor die Tür weisen und versuchen, weiterzumachen – wahrscheinlich mit einem heulenden Kind vor der Tür. Denn das Kind fühlt sich ausgeschlossen, ausgeschimpft, ohne recht zu begreifen, warum.
Statt dessen sollten sie ihr Kind zu sich ins Bett nehmen und zu dritt miteinander schmusen. Das ist dann zwar nicht mehr ganz das, was sie wollten, aber das Kind wird zu der Erkenntnis kommen, daß diese Aktivitäten, bei denen es sonst nicht stören soll, höchst erfreulich sind.

Wer sich seiner sexuellen Gefühle schämt und Angst davor hat, kann seinem Kind schlecht vermitteln, wieviel Spaß diese natürlichste Sache der Welt macht.

Kinder spüren, daß sich im Elternschlafzimmer etwas Besonderes ereignet.

Kinder haben Verständnis, wenn die Eltern ungestört sein wollen

Bestehen Sie also darauf, daß Sie in Zukunft in Ihrem Schlafzimmer manchmal allein sein und nicht gestört werden wollen. Schließen Sie die Tür so lange ab, verlangen Sie, daß Ihr Kind das hinnimmt. Wenn es weiß, warum Sie das tun, wird es lernen, das zu akzeptieren.

Wie Kinder ihre eigene Sexualität entdecken

Die Entdeckungsreise hin zum eigenen Körper beginnt schon zwischen dem sechsten und achten Lebensmonat.

Was macht ein Kind, wenn es im Bett nicht schlafen kann? Es spielt – mit Autos, mit seinem Teddy oder auch mit seinem Körper. Und was entdeckt es da?
Die meisten Kinder entdecken schon früh, daß das Berühren, Streicheln und Reiben ihres Geschlechts ihnen Lust bereitet. Viele lassen es beim gelegentlichen Spiel nicht bewenden, sie machen es bewußt immer wieder.

Als Sigmund Freud zu Beginn unseres Jahrhunderts behauptete, schon kleine Kinder hätten sexuelle Lustgefühle, erntete er wütende Proteste. Die Vorstellung von der »unschuldigen Kindheit« sollte unbedingt erhalten bleiben. Inzwischen haben ihm zahlreiche Untersuchungen und Erfahrungen recht gegeben.

Wie aufgeklärt sind wir wirklich?

Unsere Generation geht mit der Nacktheit, mit der Entdeckerfreude und den neugierigen Fragen unserer kleinen Kinder zu sexuellen Dingen viel ungenierter um als noch vor einigen Jahrzehnten. Wir sind weniger prüde, weniger gehemmt und stehen der sexuellen Lust positiv gegenüber. Wir betrachten die Sexualität als etwas Positives und Schönes, das zu Unrecht lange in Zusammenhang mit Begriffen wie »schmutzig« und »unanständig« gebracht wurde.
Aber wenn wir beobachten, daß sich z.B. ein vierjähriges Kind mit seinen Händen sexuell stimuliert, erschrecken viele und meinen, sie müßten das Kind davon abhalten. Sie bringt das Verhalten des Kindes in Verlegenheit. Wie kommt es, daß hier unsere Reaktion mit dem, was wir von uns behaupten, so wenig übereinstimmt?

Die »sexuelle Revolution« hat erst in den 60er Jahren stattgefunden. Bis sich deren Errungenschaften allgemein durchgesetzt haben, werden wohl noch einige Jahre vergehen.

Die Eltern sind verunsichert

Die liberalere Einstellung zur Sexualität ist für viele noch angelernt durch Diskussionen, aus Büchern, Zeitschriften, Radio oder Fernsehen, diktiert von der Einsicht, daß die verklemmte Sexualmoral vergangener Jahrzehnte uns oder zumindest unsere Eltern sehr eingeengt und um viele angenehme Erfahrungen betrogen hat.
Viele junge Eltern haben die Sexualität in ihrer eigenen Kindheit anders erlebt. So entwickelten sie ein schlechtes Gewissen gegenüber allem, was mit Sexualität zu tun

hat, auch, wenn sie sich nach außen aufgeklärt und liberal geben. Dieses schlechte Gewissen gewinnt die Oberhand, wenn sie das eigene Kind tun sehen, was sie selbst nicht tun durften. Aber welche vernünftigen Gründe sollte es geben, dieses Spiel zu verbieten? Die Befürchtung, daß sexuelle Aktivitäten in der Kindheit dazu führen, daß die Kinder als Erwachsene sexuell weniger aktiv sind? Oder die Befürchtung, sie könnten »frühreif« werden, schon in einem Alter »auf den Geschmack« kommen, in dem sie die Konsequenzen des Miteinanderschlafens noch nicht übersehen und tragen können?

Sexualität soll man nicht unterdrücken

In den ersten Jahren werden alle Facetten der Sexualität durchlebt: flirten, schmusen, küssen, sich balgen und einander anfassen. Die eigenen Genitalien werden bis zu entspannter Erschöpfung gestreichelt.

Von der kindlichen Selbstbefriedigung bis zum zweigeschlechtlichen Umgang der Jugendlichen ist es ein weiter Weg. Zeit und Gelegenheit genug, das Kind den verantwortlichen Umgang mit der eigenen Sexualität zu lehren! Denn die Erfahrung zeigt, daß sich bei Erwachsenen die Sexualität, die lange unterdrückt wurde, oft viel unbeherrschter und unkontrollierter Bahn bricht, als wenn sie die Sexualität von Kindheit an ausleben konnten.

Manche Kinder onanieren nicht nur, wenn sie allein sind, sondern auch im Kindergarten, auf dem Spielplatz oder wo immer es ihnen gerade einfällt. Und so fallen sie dann unangenehm auf, weil viele Erwachsene nicht wissen, wie sie damit umgehen sollen. Da ist es sinnvoll, dem Kind zu sagen, es solle sich nur sexuell befriedigen, wenn niemand dabei zusehen kann.

Aber es ist ein Unterschied, ob Eltern das Kind schelten, weil es etwas Verbotenes tut, oder ob sie ihm klarmachen, daß sexuelle Aktivitäten nicht in der Öffenlichkeit stattfinden sollen. Schließlich lernt es ja auch schnell, sein »Geschäft« nicht mehr vor aller Augen zu verrichten.

Früher hieß es, Kinder könnten erkranken und »psychische Schäden« durch das Onanieren erleiden. Um es deut lich zu sagen: Es gibt keine Krankheit, die durch das Onanieren ausgelöst oder gefördert wird. Der einzig mögliche psychische Schaden ist der Gewissenskonflikt des Kindes, das onaniert, obwohl es ihm verboten wurde, sexuelle Aktivitäten generell negativ gewertet werden. Dasselbe gilt für das Onanieren im Jugendalter. Hier wurde früher vor noch weit schlimmeren Folgen gewarnt, weil sich der stärkere Sexualtrieb noch schwerer unterdrücken läßt.

Selbstbefriedigung – Energie am falschen Platz?

Hier hat übrigens Freud selbst für ein Argument gesorgt, Jugendliche davon abzuhalten, sich häufig selbst sexuell zu befriedigen. Die Energie, so behauptete er, die hierfür verschwendet würde, stehe für andere Aktivitäten, z. B. für das Lernen in der Schule, nicht mehr zur Verfügung. Nichts davon hat späteren Untersuchungen standgehalten. Aber noch 1963 wurde in einem Büchlein mit dem Titel »Das geht dich an« folgendes verbreitet: »Wenn Masturbation ausschließlich an der Klitoris stattfindet, werden die Frauen unfähig, bei der ehelichen Beziehung die Lust in der Scheide zu empfinden«. Es wird dazu geraten, sich abzuhärten. »Eine vorzüglich abhärtende Wirkung haben kalte, mit einem großen, viel Wasser fassenden Schwamm am Morgen vorgenommene Abwaschungen der Geschlechtsorgane.«

Kinder, die onanieren, machen sich lediglich mit der eigenen Sexualität vertraut; das erleichtert ihnen den späteren Umgang mit einem Liebespartner.

Verdrängen ist nicht gleich vergessen

Als ein weiteres Argument wird oft angeführt: Wer sich häufig selbstbefriedigt, erschwert sich später den Zugang zum anderen Geschlecht. Das Gegenteil ist der Fall: Jugendlichen, die ihren eigenen Körper und seine Reaktionen schon genau kennen, kommen diese Erfahrungen auch in einer Partnerschaft sehr zugute.

Vielleicht empfinden Eltern, die noch sehr rigide erzogen wurden, die Unbefangenheit, mit der ihre Kinder über Sexualität sprechen, durchaus als befreiend.

Eine ganz natürliche Sache

- Es gibt keinen Grund, Kindern die Lust am eigenen Körper zu verderben. Das Interesse der Kinder an der Sexualität gehört zu einer normalen Persönlichkeitsentwicklung.

- Das Unbehagen, das manche Eltern empfinden, wenn sie ihre kleinen Kinder bei sexuellen Aktivitäten beobachten, hängt mit ihrer eigenen Einstellung zur Sexualität zusammen. Eltern sollten darüber nachdenken, wie tolerant sie wirklich sind – und gegebenenfalls ihre Einstellung ändern.

- Respektieren Sie deshalb als Eltern die sexuelle Unbefangenheit Ihrer Kinder. Kinder sprechen ungeniert über die Geschlechtsmerkmale von Mann und Frau, erkunden mit Freude und Lust den eigenen Körper.

- Verfallen Sie keinesfalls darauf, zu behaupten, Selbstbefriedigung sei in irgendeiner Weise schädlich für Ihr Kind. Das ist ein längst überholtes Ammenmärchen, das früher zur Unterdrückung der Sexualität diente.

- Reagieren Sie möglichst gelassen, wenn Ihre Kinder Sie in einer intimen Situation überraschen. Kinder erleiden keinen Schaden, wenn sie ihre Eltern beim Geschlechtsverkehr »ertappen«; andererseits gibt es auch keinen Grund, warum Eltern ausgerechnet dann intime Zärtlichkeiten austauschen sollten, wenn sie dabei von ihren Kindern beobachtet werden. Denn dies ist die Privatsphäre der Eltern.

Unverkrampft über den Körper sprechen

Leichter gesagt als getan: mit Kindern offen über Sexualität reden! Denn oft hapert es schon an den geeigneten Begriffen. Wie heißt das »da unten«?

Zum Beispiel Torsten

Abholzeit im Kindergarten. Die Erzieherin unterhält sich mit einer Mutter. »Tante Elli, komm schnell, ich krieg' mein Glied nicht aus der Hose!« – das ist Torsten, der mit seiner neuen Lederhose noch nicht zurechtkommt. Tante Elli rennt und hilft. »Muß das heute alles so deutlich in die Gegend gebrüllt werden?« fragt die Mutter. »Ich bin froh darüber«, meint die Erzieherin, »sonst hätte er sich jetzt in die Hose gemacht.«
Torsten hat also einen Namen für das »da unten« – und er hat auch keine Hemmungen, ihn sachgerecht zu gebrauchen. Damit hat er gute Voraussetzungen, auch zu seiner Sexualität eine positive Einstellung zu finden.

Wer Hemmungen hat, über den Körper und über Sex zu sprechen, sollte dies nicht durch besonders ungezwungenes Verhalten kompensieren. Kinder spüren sofort, daß da etwas nicht stimmt. Eltern dürfen auch Geduld mit sich selbst haben.

Alle Körperteile haben einen Namen

Sexualerziehung beginnt wesentlich früher, als viele Eltern glauben. Z. B., wenn das Baby gebadet wird. Da werden die Ärmchen abgeseift, die Beinchen, der Rücken ..., und alles wird gestreichelt, liebevoll kommentiert und beim Namen genannt. Nur bei einem Körperteil wird die Pflege häufig aufs Notwendigste begrenzt. Benennungen bleiben aus. Das Kind lernt: Dieser Teil des Körpers ist nichts zum Streicheln und Spielen, nichts, worüber man spricht. Wenn wir die Körperteile benennen, zeigt dies unsere eigene Einstellung zur Sexualität: Wir versuchen, uns zu entziehen, wenn wir vage von »da unten« reden. Wir versuchen zu mogeln, wenn wir nur von »Pullermännchen« oder »Pipimacher« reden.

Solche Begriffe sind Verniedlichungen, die für den zärtlichen, familieninternen Gebrauch durchaus geeignet sein können. Sie eignen sich aber nicht für ein sachliches Gespräch und können nicht außerhalb der Familie verwendet werden, weil in jeder Familie andere Begriffe üblich sind. So sind denn diese ausweichenden Bezeichnungen oft eher ein Mittel, Gespräche zu verhindern.

Die deutsche Umschreibung oder der lateinische Fachbegriff?

Gleichgültig, welche Worte gewählt werden, entscheidend ist, mit welcher Selbstverständlichkeit sie in der Familie gebraucht werden und daß sich das Kind damit verständlich machen kann.

Jedes Kind muß, wenn es sprechen lernt, für seine Geschlechtsorgane eine Bezeichnung lernen, und das ebenso selbstverständlich, wie es weiß, daß sein Mund eben »Mund« heißt, auch wenn er mal zärtlich zum »Mäulchen« wird. Aber welche Bezeichnung denn nun?

- »Penis« und »Vagina«?
- »Glied« und »Scheide«?

Jedes dieser Paare hat sein Für und Wider. »Penis« und »Vagina« scheinen sich allgemein immer mehr durchzusetzen. Störend ist vielleicht, daß sie lateinisch sind. Warum haben alle anderen Körperteile ganz selbstverständlich einen deutschen Namen, nur die Geschlechtsorgane nicht? »Glied« und »Scheide« sind im Grunde auch nur Umschreibungen – denn Glieder haben wir mehrere, und eine Scheide bezeichnet die Hülle für ein Schwert. Am besten, Sie entscheiden sich für die Begriffe, die in Ihrer Familie und der Umgebung des Kindes üblich sind. Ihr Kind wird sowieso im Kindergarten oder in der Schule viele andere Ausdrücke lernen. Gebraucht es sie zu Hause unbefangen, ist das ein Vertrauensbeweis, denn es nimmt an, daß Sie es nicht negativ bewerten. Sind es jedoch Ausdrücke aus der Umgangssprache, die Sie ablehnen, sollten Sie dies deutlich machen.

Sexualität unbefangen betrachten

Kinder können nur dann ein unverkrampftes Verhältnis zur Sexualität entwickeln, wenn sie mit ihren Eltern und Freunden unbefangen darüber sprechen können. Dazu gehört ein Wortschatz, bei dem die Begriffe, die sich mit dem Thema Sexualität befassen, nicht mit dem Gefühl des Unanständigen oder Peinlichen behaftet sind.
Unser Problem ist jedoch, daß es einen allgemein gebräuchlichen Wortschatz für alles, was mit Sexualität zu tun hat, nicht gibt. Er ist der Prüderie der letzten Jahrhunderte zum Opfer gefallen. Übriggeblieben sind nur die trocken-nüchternen Begriffe der Mediziner und Juristen. Und eben die Begriffe, die inzwischen als ordinäre Ausdrucksweisen verpönt sind.

Vielleicht finden Sie ja zusammen mit Ihren Kindern phantasievolle, poetische Namen für die Genitalien oder für sexuelle Handlungen.

Sommer, Sonne und Wasser machen nicht an der Gürtellinie halt.

Letztlich kommt es weniger darauf an, mit welchen Worten Eltern den Geschlechtsverkehr beschreiben, als darauf, wie sein Zustandekommen erklärt wird. Wenn dabei die Aspekte Zuneigung und Liebe im Vordergrund stehen, kann nichts schiefgehen.

Wie kann man sich richtig ausdrücken?

Es fehlen uns nicht nur allgemein anerkannte Begriffe für die Geschlechtsorgane, sondern es fehlen auch die Begriffe, die die verschiedenen sexuellen Aktivitäten bezeichnen. Was tun Frauen und Männer miteinander im Bett? »Schlafen«? – eben nicht! »Vögeln«? –
Viele sind nach wie vor peinlich berührt, wenn sie diese Begriffe hören, und als Kinder wären sie bestraft worden, wenn sie den letzteren Begriff benutzt hätten. Deshalb wissen sie nicht, wie sie sich ausdrücken können, wenn sie über Sexualität sprechen wollen.
Aber es wird uns gar nichts anderes übrigbleiben, als uns einen Teil des üblichen Umgangswortschatzes für den normalen Sprachgebrauch zurückzuerobern. Sonst können wir unseren Kindern kein unbefangeneres Verhältnis zur Sexualität vermitteln, als wir selbst es heute haben. Ein unbefangenes Verhältnis zu etwas kann man nur bekommen, wenn man unbefangen darüber reden kann – und unbefangen über etwas reden kann man nur, wenn man Begriffe dafür hat, die man ganz selbstverständlich benutzen kann. Wenn wir diese zur Zeit noch verpönten Begriffe lange genug in offenen Gesprächen über Sexualität benutzen, vor allem auch im Umgang mit unseren Kindern, dann werden sie den Beigeschmack des Unanständigen und Peinlichen verlieren. Einigen von uns fällt das noch schwer, unseren Kindern schon weniger. Die Mutter in unserem Beispiel stört das ungenierte Bezeichnen noch, den Jungen, der damit aufgewachsen ist, schon nicht mehr.

Im Spiel die Sexualität entdecken

Kinder beschäftigen sich nicht nur allein und nicht nur ausschließlich in ihrem Bett mit ihrer Sexualität. Sexuelles Interesse zieht sich nur dann dahin zurück, wenn

Eltern nicht dulden, daß ihre Kinder ihre sexuellen Bedürfnisse offen ausleben. Kindliche Sexualität verkleidet sich als »Doktorspiel« – ein Arzt muß den Körper untersuchen.
In einer toleranten Atmosphäre zeigen Kinder ihre sexuellen Interessen recht unbefangen und auf vielfältige Weise. Kinder beginnen schon im ersten Lebensjahr, ihren ganzen Körper zu entdecken und zu untersuchen, selbstverständlich auch die Geschlechtsorgane. Warum auch sollten sie diese Körperteile aussparen und nicht damit spielen? Eltern sollten den sexuellen Aktivitäten ihres Kindes aufgeschlossen gegenüberstehen, denn dieses Verhalten zeigt, daß das Kind sich gut entwickelt. Was spricht gegen solche Spiele? Sind Sie selbst noch ganz anders erzogen worden? Befürchten Sie, daß die Eltern der Spielgefährten empört reagieren könnten? Grundsätzliches Verbieten schadet der sexuellen Entwicklung des Kindes. Sie möchten sicher auch, daß Ihr

Erkundungsspiele und Spiele mit der Lust

- **Spaß an Spielen mit sexuellem Hintergrund haben besonders Kleinkinder, die von ihren Eltern viel liebkost und gestreichelt werden.**
- **Erkundungsspiele sind dazu da, daß die Kinder ihren Körper näher kennenlernen:**
- **Wie lang kann man einen Penis ziehen?**
- **Kann man in eine Vagina hineingucken?**
- **Wo kommt das Pipi heraus?**
- **Lustspiele vermitteln den Kindern sexuelles Wohlbefinden:**
- **Berühren, das Reiben am Geschlecht**
- **Andere anfassen und streicheln**

Machen Sie sich keine Sorgen, wenn beim Doktorspielen die Tür zugeht. Nehmen Sie Ihren Kindern nur das Versprechen ab, keine Gegenstände in die Körperöffnungen zu stecken.

Kind ein sinnenfroher, empfindsamer Mensch wird, der auch sexuelle Beziehungen mit Freude genießen kann. Übersehen, »so tun, als wär' nichts«, ist keine sinnvolle Lösung. Wenn Sie der Ansicht sind, daß sexuelle Erziehung anders sein sollte, als Ihre noch war, dann versuchen Sie, auch dazu zu stehen. Sehen Sie nicht weg, sprechen Sie darüber, versuchen Sie, angesichts der Unbefangenheit der Kinder Ihr Unbehagen gegenüber den sexuellen Aktivitäten von Kindern zu überwinden.
Sie werden sehen, daß tut nicht nur Ihren Kindern gut.

Sexuelle Gewalt gegen Kinder findet meist nicht in Parks statt, sondern im Kinderzimmer, im Bad, kurz: in der Familie. Und die Täter sind keine Fremden, sondern Väter, Stiefväter, Onkel, Brüder und Lehrer. Hier sind ganz stark die Mütter gefragt, wenn es um Schutz geht.

Schutz vor sexuellem Mißbrauch

Eltern müssen ihre Kinder dazu erziehen, solche Spiele nur im geschützten Bereich des Hauses oder des Kindergartens zu spielen, um sich so gut wie möglich vor sexuellem Mißbrauch zu schützen.
Außerdem müssen Kinder sich immer bewußt sein, daß andere an ihrem Körper nichts machen dürfen, was sie selbst nicht wollen, was ihnen nicht angenehm ist.
Viele Eltern fürchten, daß Kinder durch eine freizügige Sexualerziehung eher in die Gefahr kommen könnten, Opfer eines Mißbrauchs zu werden. Das Gegenteil ist der Fall. Kinder, die auf sexuelle Anspielungen unbefangen und selbstbewußt reagieren, für die die Sexualität nicht den Beigeschmack des Geheimnisvollen und Verbotenen hat, wehren sich leichter, bitten auch nach sexuellen Belästigungen Erwachsene um Hilfe. Denn es ist entscheidend, daß ein Kind, das darauf hinweist, wenn es sich in dieser Gefahr befindet, sofort Unterstützung erhält. Dieser Hinweis muß jedoch nicht immer verbal erfolgen. Manche Kinder entwickeln einen Waschzwang oder putzen sich immer wieder die Zähne, um sich zu »reinigen«. Hautallergien, Schluckbeschwerden, Übelkeit oder Unterleibsschmerzen sind ebenfalls Hinweise darauf, daß sexueller Mißbrauch vorliegen könnte.

Kinder brauchen eigene Erfahrungen mit der Sexualität

- Die Sexualität ist ein maßgeblicher Teil der Persönlichkeit des Kindes. Es ist wichtig, daß Kinder ihre geschlechtsabhängige Sexualität kennen und früh lernen, mit ihr verantwortungsbewußt umzugehen. Dann können sie sich auch später vertrauensvoll an einen Partner oder eine Partnerin binden und ihre Sexualität genießen.
- Wenn Eltern versuchen, die sexuellen Aktivitäten ihrer Kinder zu unterdrücken, können Kinder später Neurosen entwickeln.
- Eltern sollten sich nicht scheuen, sich vor ihren Kindern nackt zu zeigen, damit das Kind auch den Körper von Vater und Mutter unbefangen betrachten kann. So erfährt das Kind schon früh, daß Vater und Mutter verschieden sind und daß beide auch anders aussehen als das Kind selbst.
- Eltern sollten ihrem Kind alle Fragen, die es zum Thema Sexualität stellt, immer offen, natürlich entsprechend dem Alter des Kindes, beantworten.

Erschrecken Sie nicht, wenn Ihr Kind sich in Sie »verliebt«, Ihnen schmeichelt und mit Ihnen flirtet. Hier wird die eigene erotische Wirkung ausprobiert.

Ungezwungenes Nacktsein in der Familie ist die beste Voraussetzung für eine positive psychosexuelle Entwicklung.

Es ist unbestritten, daß die Unterdrückung der Sexualität in unserer Kultur christliche Moralvorstellungen die Ursache sind. Geschlechtliche Liebe wurde als Erbsünde und als Sache des Teufels eingeordnet. Sie wurde nur erlaubt, um Nachkommen zu zeugen. Und leider hat sich hier bis heute nicht viel verändert.

Sexualmoral und Verantwortung

Den Generationen vor uns wurden in Sachen Sexualität sehr strenge Regeln vermittelt – Sex war nur in der Ehe erlaubt, nicht vorher und selbstverständlich nicht nebenher. Speziell für Frauen galt, daß sie im ganzen Leben nur einen Sexualpartner, nämlich ihren Ehemann, haben durften.
Die Moral der letzten Jahrhunderte war also sehr klar und eindeutig: realitätsfern und menschenfeindlich. Sie hatte einen doppelten Boden. Es galten strenge Forderungen, doch heimlich verhielten sich die meisten Menschen völlig anders.
Wenn Frauen früher ihre Sexualität freizügig auslebten, mußten sie oft allein die Folgen tragen und ihr Kind ohne die Hilfe des Vaters erziehen. Viele wurden dabei auch von der eigenen Familie im Stich gelassen.
Doch in den letzten Jahren und Jahrzehnten setzte sich ein freierer Umgang mit der Sexualität durch – Paare leben ohne Trauschein zusammen, werden von Vermietern und Sozialämtern als Familie akzeptiert, auch wenn sie nicht verheiratet sind.
Es ist in der Gesellschaft nahezu anerkannt, daß Menschen zusammenleben, ohne sich formal zu binden.

Wohin führt die liberale Einstellung zur Sexualität?

Sind aggressive Pornographie, Sextourismus und sexueller Mißbrauch Folgen der liberaleren Einstellung zur Sexualität? Es ist falsch, die Entwicklung der letzten Jahrzehnte als einen Verfall der Sitten anzusehen und zu fürchten, es gebe in Zukunft keinerlei Maßstäbe mehr, nach denen sich die Menschen richten sollten.
Wir müssen berücksichtigen, daß die Normen für den Umgang mit der Sexualität und sexuellen Reizen in verschiedenen Ländern der Welt und den verschiedenen

historischen Epochen sehr vielgestaltig sind. Man denke nur an die kultische Überhöhung der Sexualität im Indien des Kamasutra und an die strengen Sitten des fundamentalistischen Islam.

Woher stammt unsere strenge Sexualmoral?

Wie sind denn die moralischen Normen unserer Eltern und Großeltern überhaupt zustande gekommen?
Großen Einfluß hatte die Kirche. Seit Paulus gelten das Fleisch, d.h. der Körper, und alle Äußerungen der Fleischeslust als sündig. Das betraf Völlerei und Müßiggang ebenso wie die Sexualität. Sexualität durfte nur der Fortpflanzung dienen, Lustgewinn ohne Zeugungsabsichten war des Teufels; deshalb war jede Form der Sexualität, die nicht der Fortpflanzung dienen konnte, wie z.B. Onanie, homosexuelle Kontakte und Petting, unmoralisch.
Aber auch die politische Verfassung einer Gesellschaft hat Einfluß auf die Sexualmoral. Diktaturen, die die Freiheiten der Bürger stark einschränken und die Rolle der Frau als Mutter in den Vordergrund stellen, vertreten eine restriktive Sexualmoral. Die Liberalisierung der Sexualmoral in unserer freien Gesellschaft während der letzten Jahrzehnte wurde auch durch die Entwicklung verschiedener zuverlässiger Methoden zur Empfängnisverhütung begünstigt.

Noch heute werden von einflußreichen Personen und Institutionen Moralvorstellungen verbreitet, die doch längst überholt sein sollten.

Rücksicht als Richtschnur für das eigene Verhalten

Das heißt aber noch lange nicht, daß die Menschen ihre sexuellen Empfindungen ohne Beschränkung ausleben. Wir brauchen nicht weniger Sexualmoral, sondern eine Richtschnur, nach der jeder für sich selbst entscheiden kann und muß, welche sexuellen Aktivitäten für ihn und seinen Partner vertretbar sind.

Was sagen wir also unseren Kindern darüber, was unmoralisch ist und was nicht?
Der Engländer Alex Comfort hat 1963 versucht, so eine Richtschnur für eine menschenfreundliche Sexualmoral zu finden, und die umfaßte – Ersatz für eine Liste von Vorschriften wie z.B. »Du darfst nicht ...« – zwei Sätze:

- »Du sollst die Gefühle eines Menschen nicht rücksichtslos ausnutzen und ihn nicht mutwillig enttäuschenden Erfahrungen aussetzen.« und
- »Du sollst unter keinen Umständen die Zeugung eines unerwünschten Kindes riskieren.« (Quelle: Alex Comfort, »Der aufgeklärte Eros«, München 1964).

Das erscheint auf den ersten Blick enttäuschend wenig – aber ist es das wirklich?

Moral ohne doppelten Boden

Jeder Mensch ist fähig, sexuelle Gefühle sowohl gegenüber Frauen als auch Männern zu haben. Inwieweit sie zugelassen oder verdrängt werden, bestimmen die Normen der Gesellschaft.

Diese zwei Regeln erlauben nicht mehr den doppelten Boden, auf dem jeder unter dem Mantel der vorzeigbaren Moral tut, was er will. Sie fordern jede und jeden einzelne(n) dazu auf, sich einzustellen auf den einen Partner, mit dem sie oder er es gerade zu tun hat. Was möchte diese(r) Partner(in), was freut sie/ihn, was kränkt sie/ihn? Das gleiche Verhalten kann moralisch vertretbar sein, sofern es dem anderen behagt oder toleriert wird, aber unmoralisch, wenn es den anderen traurig macht oder enttäuscht.
Nach dieser Moral gibt es auch keinen Unterschied zwischen sexuellen Beziehungen in der Ehe oder außerhalb. Der Mensch ist entscheidend, nicht das Stück Papier. Die eigene Ehefrau zu bedrängen, zu nötigen, zu vergewaltigen ist genauso verwerflich wie das gleiche Verhalten einer anderen Frau gegenüber. Ebensowenig gibt es einen Unterschied zwischen Hetero- und Homosexualität. Nichts, was beiden Partnern Spaß macht, ist unmoralisch, mag es anderen, die anders empfinden, noch so seltsam oder »abwegig« erscheinen. Sie müssen es ja nicht nachmachen!

Verantwortung statt Ausbeutung

Die erste Regel verbietet aber jede Form sexueller Gewalt ebenso wie die Ausnutzung wirtschaftlicher Not zum Kauf von Willigkeit. Sie verbietet jede Form von Pornographie und Prostitution, die Frauen demütigt und beleidigt oder Männer zur Gewaltanwendung animiert. Die zweite Regel setzt im Grunde nur konsequent fort, was die erste festhält: Einfühlsamkeit und Rücksichtnahme. Wenn ich meinen Partner nicht mutwillig enttäuschenden Erfahrungen aussetzen darf, dann darf ich auch keinem Menschen das Schicksal bereiten, als ungewolltes Kind aufzuwachsen. Deshalb bin ich verantwortlich dafür, daß ich kein Kind zeuge oder empfange, das ich nicht annehmen und liebhaben kann.

AIDS – eine Herausforderung für die nächste Generation

Die Liberalisierung der Sexualmoral hat den Menschen ermöglicht, daß sie ihre Sexualität ohne falsche Zwänge und unbegründete Einschränkungen erleben können.
Doch seit dem Auftreten der Immunschwächekrankheit AIDS hat sich wieder eine gegenläufige Entwicklung bemerkbar gemacht: Schon allein, um seine Gesundheit nicht aufs Spiel zu setzen, sollte man – so meinen inzwischen einige – wieder zu den alten Moralvorstellungen zurückkehren.
Doch jeder, speziell die Jugendlichen, sollten wissen: Ein freier Umgang mit Sexualität bedeutet nicht, daß sich die Menschen einer erhöhten Ansteckungsgefahr aussetzen, solange sie sich an die Regeln des »Safer Sex« halten. Eltern sollten deshalb ihre Kinder rechtzeitig über die Gefahren einer AIDS-Ansteckung aufklären.

Warum erscheint vielen Homosexualität nach wie vor als anrüchig?
Warum darf sich eine Vierjährige mit ihrem gleichaltrigen Freund nicht lustvollen Körperspielen hingeben?
Wer selbst eine klare Linie gefunden hat, kann auch seinen Kindern klare Antworten geben. Dazu ist es nötig, zu überprüfen, was man an sexuellen Dingen vertretbar findet und warum.

Der Körper soll mit angenehmen Empfindungen in Verbindung gebracht werden.

Es erfordert inzwischen einiges an Mut und Selbstbewußtsein, sich unabhängig von allen propagierten Schönheitsidealen in seinem Körper wohl zu fühlen.

Mein Körper, das bin ich!

Essen, Schlafen, Ausscheidungen und Sexualität – alle Bereiche haben mit den Funktionen unseres Körpers zu tun. Wie wir damit umgehen, hängt stark von unserer Einstellung zu uns selbst und unserem Selbstwertgefühl ab. Und über die Erziehung in ganz alltäglichen Dingen geben wir diese Einstellung an unsere Kinder weiter.

Viele Erwachsene haben ein gestörtes Verhältnis zu ihrem Körper

Viele Erwachsene meinen, sie seien zu dick, zu dünn, zu unproportioniert, kurz gesagt, sie halten sich nicht für attraktiv. Wenn ihr Körper nicht zur Zufriedenheit funktioniert, gehen sie mit derselben Einstellung zum Arzt, wie sie das Auto in die Werkstatt bringen; sie wollen ihren Körper gewissermaßen »reparieren« lassen.
Wer einen wichtigen Teil seines Selbsts so auszuklammern und wegzuschieben versucht, kann nicht »rundherum glücklich« sein und ist vielleicht auch nicht gesund.
Was aber können Eltern tun, um ihren Kindern zu einem positiven Verhältnis zu ihrem Körper zu verhelfen?

Von klein auf den Körper positiv erleben

Das Neugeborene sammelt alle Erfahrungen über den Körper. Das wohlige Gefühl, satt zu sein, aber auch die weiche Wärme eines anderen Menschen an seiner nackten Haut – das sind die wichtigsten Erfahrungen, die in ihm Vertrauen und Lebenslust wecken. Deshalb beginnt die

körperfreundliche Erziehung mit der sanften Geburt und mit dem Stillen, mit viel Wiegen im nackten Arm, mit Streicheln und Liebkosen.
Sie geht weiter mit der Körperpflege. Wird das Kind liebevoll gepflegt, damit es schön und gesund bleibt, oder wird beim Wickeln mit viel »Pfui« und »Baba« Schmutz widerwillig entfernt?

Dreck gibt es für Kinder nicht. Etwas ist rauh, glatt, glitschig, warm, kalt, schmeckt bitter oder süß, riecht grauslig oder angenehm. Die Deutung kommt von den Erwachsenen.

Kleine Kinder ekeln sich nicht vor ihren Ausscheidungen

Kinder müssen die negativen Äußerungen der Eltern über volle Windeln zwangsläufig auf sich selbst, insbesondere auf ihre »schmutzigen« Körperteile, beziehen. Deshalb ist es falsch, kleine Kinder zu tadeln, weil sie in die Hose gemacht oder gar mit dem Inhalt ihrer Windel gespielt haben. Es ist praktischer und entspricht unserem Sinn für Ästhetik und Hygiene, wenn wir versuchen, so etwas zu verhindern, aber es ist doch keine Frage der Moral!

Spielen hat etwas mit sinnlicher Wahrnehmung zu tun, in die der ganze Körper einbezogen ist.

Der Sinn, warum man sich waschen muß, scheint den wenigsten Kindern klar zu sein. Jedes fünfte meint, die morgendliche Wäsche sei dazu da, um die Kleidung nicht schmutzig zu machen.

Kinder machen sich gern schmutzig

Kinder haben nicht immer Lust, sich zu waschen. Auch das gehört zum Erleben des eigenen Körpers. Kennen Sie das schöne Gefühl, mit nackten Füßen im Modder zu stapfen, daß einem das weiche Zeug zwischen den Zehen durchquillt? Viele Erwachsene aber haben vor lauter Reinlichkeitszwang vergessen, welch sinnliche Lust es sein kann, sich mit Farbe, Teig oder Marmelade zu beschmieren.

Durchs Wasser zu laufen, daß es nur so spritzt, im strömenden Regen herumzuhüpfen, sind Erlebnisse, die in keiner Kindheit fehlen dürfen.

Kinder haben ein Recht auf ihren Körper

Wenn Kinder anfangen, ihren Körper zu untersuchen und zu erforschen, bremsen wir sie oft mit unseren Vorstellungen von Hygiene und Moral.
Warum darf ein kleiner Junge sein Glied nicht anfassen und langziehen? Warum darf man nicht alle Körperöffnungen mit vorsichtig tastendem Finger ausführlich erkunden?
Gefahr durch Bakterien? Angesichts unserer vielfach vergifteten Umwelt ist das sicher kein Argument, weswegen Eltern ihren Kindern den Spaß am eigenen Körper vermiesen dürfen.

Klare Worte schaffen Sicherheit

Sprechen Sie mit Ihrem Kind offen über den Körper, die verschiedenen Körperteile und ihre Funktionen. Inzwischen gibt es verschiedene Kinderbücher und Lexika für Kinder, die komplexe Vorgänge wie z.B. die Verdauung anschaulich erklären.
Bereiten Sie Ihr Kind rechtzeitig auf die Ankunft eines Geschwisterchens vor. Erklären Sie ihm möglichst anhand von Bildern, wie es im Körper der Mutter heranwächst und wie Kinder geboren werden. Lassen Sie es sein Ohr auf Ihren Bauch legen.
Kinder reagieren sehr empfindlich, wenn sie sich beim Spielen verletzen, eine Kinderkrankheit durchmachen müssen oder einfach nur über längere Zeit erkältet sind. Sie quengeln dann häufiger, sind generell unruhig und brauchen viel Zuwendung und Trost.

Ohne Angst zum Kinderarzt

Jedesmal, wenn Eltern ihr Kind zum Arzt bringen, sollte es so genau wie möglich wissen, warum es zum Arzt muß

Halten Sie sich vor Augen, daß man in keinem Alter so viele Ängste durchlebt wie als Kleinkind. Begleiten Sie Ihr Kind durch die Ängste, und appellieren Sie nicht an die Einsicht, den Mut und die Tapferkeit. Dann wird das Kind seine Angst zu verstecken lernen und sie als »negatives« Gefühl, das nicht zugelassen werden darf, bewerten.

Wenn von diesen vier Fragen eine mit ja beantwortet werden kann, ist das Kind zwar wahrscheinlich so erschöpft, daß es Pflege braucht, aber man muß nicht gleich zum Arzt:

- Trinkt es noch?
- Ißt es noch?
- Spielt es noch?
- Lacht es noch?

Erst wenn nach einem oder zwei Tagen keine Besserung eintritt, sollte man den Arzt zu Rate ziehen.

und welche Untersuchungen möglicherweise anstehen. Muß das Kind zum Arzt, soll es sicher sein können, daß der Arzt es gut mit ihm meint und ihm nur helfen will. Der Kinderarzt sollte deshalb den Eltern und auch dem Kind immer bereitwillig darüber Auskunft geben, was ihm fehlt, wie ihm geholfen werden kann und wie lange die Beschwerden voraussichtlich dauern werden.
Dennoch geraten Kinder beim Kinderarzt in Panik, wenn er ihnen z. B. durch eine Spritze oder beim Blutabnehmen Schmerzen zufügt und Blut aus einer Wunde kommt. Sie fürchten, sie könnten ganz »auslaufen«. Zeigen Sie Ihrem Kind, z. B. mit Wasser in einem Topf, wieviel Blut in seinen Adern kreist, erklären Sie ihm, daß bei jeder Wunde das Blut selbst einen Stoff herstellt, der die Wunde wieder zuklebt. Und bringen Sie ihm bei, was es selbst tun kann, wenn es sich verletzt hat.

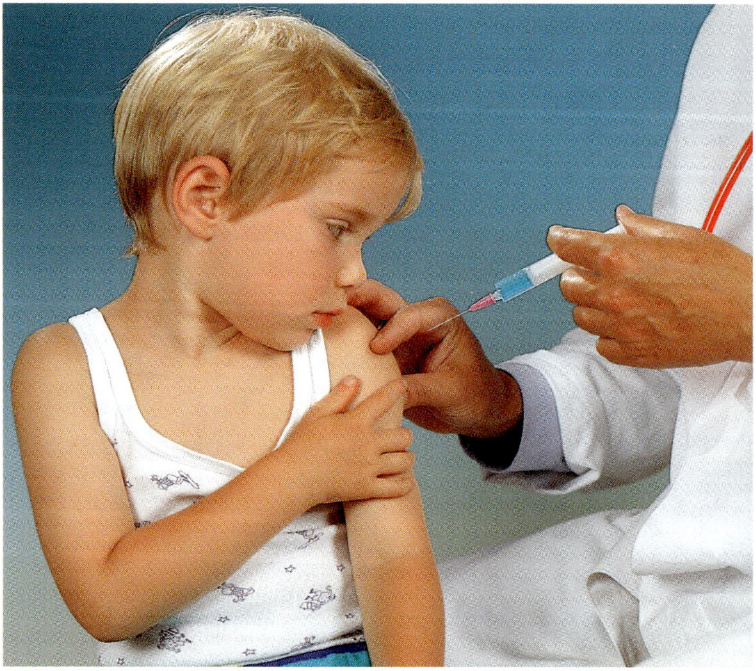

Wie Erwachsene sind auch Kinder beunruhigt, wenn sie zum Arzt müssen; sie haben Angst vor eventuell auf sie zukommenden Schmerzen.

Körper und Seele gehören zusammen

Bei der Erziehung kommt es also ganz wesentlich darauf an, daß ein Kind die Erfahrung macht, daß es ernst genommen wird, d. h. daß es selbst und nicht ausschließlich nur die Eltern oder Ärzte bestimmen, was mit ihm und seinem Körper geschieht. Daß es Spaß an seinem Körper hat, lernt, auf dessen Signale zu achten und sie zu verstehen. Daß es ihn vor allem so akzeptieren und gern haben kann, wie er ist, denn der Körper ist ein sehr wichtiger Teil seiner Persönlichkeit.

Wer Spaß an seinem Körper hat, bewegt sich auch gerne und tut damit etwas für die Gesundheit. Und wer sich als Kind viel bewegt hat, wird dies mit großer Selbstverständlichkeit auch als Erwachsener tun.

»Was Hänschen nicht lernt…«

Bei kleinen Kindern ist die Einheit von Körper und Seele unmittelbar zu beobachten. Sie brechen in Tränen aus, wenn sie etwas nicht bekommen, was sie gerne hätten, sie zittern vor Angst, wenn sie nachts erwachen und schlecht geträumt haben, sie werden rot, wenn sie bei etwas Verbotenem erwischt werden, lutschen am Daumen, wenn sie Trost brauchen oder machen wieder in die Hose, wenn sie dauerhaft unglücklich sind. Auch Erwachsenen sind diese Gefühle vertraut, nur haben sie gelernt, sie zu kontrollieren. So bricht die Abteilungsleiterin nicht in Tränen aus, wenn ihr ein weiterer Mitarbeiter im Stab nicht bewilligt wird, obwohl sie bitter enttäuscht ist. Ihr sitzt dann der berüchtigte Kloß im Hals. Wenn sie als Kind gelernt hat, diese Gefühle und die körperliche Reaktion dazu anzunehmen, ist sie in der Lage, ihre Enttäuschung so lange zurückzustellen, bis sie sie in geschützter Umgebung ausleben kann. Verleugnet sie jedoch ihre Gefühle, muß der Kloß vielleicht mit Alkohol hinuntergespült werden. Die eigenen Gefühle und – damit untrennbar verbunden – den eigenen Körper wertfrei zu akzeptieren und zu bejahen, beginnt also bereits in der Kindheit.

Jedes Kind möchte einen Beitrag zum Familienleben leisten.

Schon Zwei- bis Dreijährige können die Gefahren des Herds begreifen, wenn man ihnen die Hand behutsam und in reichlichem Abstand über die heiße Platte führt.

Kinder wollen mit Erwachsenen leben

Kinder helfen gern. Eltern müssen sich jedoch über folgendes klar sein:

- Wenn Kinder helfen, dauert alles oft viel länger.
- Wenn Kinder helfen, wird nicht alles gleich perfekt.
- Dürfen Kinder aus diesem Grund nicht mithelfen, wenn sie von sich aus ihre Hilfe anbieten, brauchen sich Eltern später nicht zu wundern, wenn Kinder keine Aufgaben für die Familie übernehmen wollen.

Kinder helfen mit – wenn die Erwachsenen es erlauben. In vielen Ländern muß noch für die Abschaffung der Kinderarbeit gekämpft werden. Aber bei uns leiden viele Kinder und Jugendliche darunter, daß sie nirgends verantwortlich am Leben der Erwachsenen teilhaben können. Keiner nimmt sie ernst, keiner braucht sie.

Kinder brauchen sinnvolle Aufgaben

Zum Beispiel Alexander

Der zweijährige Alexander hilft mit großem Eifer beim Geschirrspülen. Wenn der Vater zum Schutz einer empfindlichen Tasse helfend eingreifen will, knurrt er unwillig. Er strengt sich an, er leistet etwas und ist sich seiner Verantwortung bewußt. Es wäre schade, wenn der Vater ihn daran hinderte, ihn nur noch mit unzerbrechlichem Kindergeschirr spielen ließe.

Zum Beispiel Julia

Die siebenjährige Julia kocht. Sie bemüht sich, ein Essen für sich und ihre Mutter zustande zu bringen. Angestrengt liest sie, was die Mutter ihr dazu aufgeschrieben hat und was auf den Gewürzdöschen steht. Sie wiegt die Nudeln auf der Küchenwaage, in ihrem Eifer zählt sie sie auch noch ab. Das macht Spaß, weil niemand meckert, und Mutti freut sich immer, wenn sie sich an den gedeckten Tisch setzen kann.
Dafür vergißt Julia hin und wieder die Hausaufgaben. Hausaufgaben sind langweilig. Als Julia der Lehrerin erzählt, was sie statt der Hausaufgaben gemacht hat, macht die ein bedenkliches Gesicht – muß das arme Kind zu Hause arbeiten?

Abgeschoben in eine künstliche Welt

Wir werden gezwungen, unsere Kinder immer mehr in eigens für sie geschaffene, geschützte Bereiche abzuschieben, weil das wirkliche Leben zu kinderfeindlich geworden ist. Sie können Erwachsenen kaum noch bei der Arbeit zusehen. Sie können ihre Wohngegend nicht erkunden, dürfen nur auf den Spielplatz. Sie können nicht im Alltag lernen, sondern nur im Kindergarten oder in der Schule. Und das hat mit dem Alltag der Erwachsenen kaum noch etwas zu tun.
Wenn Eltern ihre Kinder dazu anhalten möchten, kleine Pflichten zu übernehmen, dann müssen sie ein schlechtes Gewissen haben, weil die Kinder doch schon genug belastet sind. Zähneknirschend und gegen ihre Überzeugung machen sie dann vieles lieber selbst.
Das ist nicht in Ordnung! Die Arbeit der Kinder für die Schule nimmt bei uns vielfach ein Ausmaß an, das mit Recht den Kinderschutzbund auf den Plan ruft. Viele Eltern verzichten auf die Hilfe ihrer Kinder.

Genauso wie ein Baby, das mit acht Monaten schon gut sitzen kann, durchaus in der Lage ist, auf seinem Hochsitz gleichberechtigt am Familienessen teilzunehmen, können Kinder im alltäglichen Leben der Erwachsenen mitmachen.

Gemeinschaft erleben, mit anderen zusammen etwas gestalten und bewirken, ist bereichernder als ein neues Spiel für den Game-Boy.

Schlagworte wie »Jungkonsumenten« oder »Konsumenten von morgen« veranschaulichen, daß sich die Werbung immer stärker an die Kinder wendet. Überall begegnen sie ihr. Ihnen einen sinnvollen Umgang mit Geld beizubringen, gelingt um so besser, je bewußter die Eltern selbst damit umgehen.

Aufgaben, die gemeinsam erledigt werden

Die Wünsche von Kindern werden von Erwachsenen meist nicht ernst genommen, doch auf einem anderen Gebiet werden sie sehr ernst genommen: als Konsumenten. In zunehmendem Maß richtet sich die Werbung an Kinder – sie sollen genau wissen, was sie (haben) wollen, und ihre Konsumwünsche bei ihren Eltern durchsetzen.
Oft ist es aber so, daß Eltern nicht bereit oder finanziell gar nicht in der Lage sind, ihren Kindern alle Wünsche zu erfüllen.
Einen Kassettenrekorder braucht der Sohn? Dann soll er sich das Geld durch Botendienste in der Nachbarschaft verdienen. Hier akzeptieren die Eltern am ehesten, wenn Kinder arbeiten. Aber gewinnt ein Kind daraus die Erkenntnis, ein wichtiges Mitglied der Gemeinschaft zu sein? Erlebt es das befriedigende Gefühl, das ihm Dienste für die Gemeinschaft geben, wenn es für jeden Handgriff bezahlt wird?

Daher ist es sinnvoll, wenn Kinder sich an den Aufgaben der Gemeinschaft, in der sie leben, ihren Möglichkeiten entsprechend beteiligen. Sie lernen dabei sehr viel, was sie in der Schule kaum lernen können.

Keine Handlangerdienste

Wenig sinnvoll ist es, wenn Kinder Nachbars Auto waschen sollen, weil er dafür bezahlt. Kinder können kaum einen Sinn darin finden, nur zu langweiligen Handlangerdiensten herangezogen zu werden, anstatt mal etwas wirklich allein machen zu dürfen.
Sicher, Kinder brauchen viel Zeit zum Spielen mit andernen Kindern. Wenn die fehlt, könnten Sie als Eltern dann nicht lieber den Töpferkurs, den Ballettunterricht oder den Leistungssport zurückstellen, als Ihrem Kind die Fürsorge für das Meerschweinchen oder ein anderes Haustier zu streichen?
Manche von Ihnen haben jetzt sicher Bedenken: Wo soll das hinführen? Vor vielen Jahren redete man dagegen daß besonders Mädchen ständig im Haushalt helfen und auf kleine Geschwister aufpassen mußten. Damals war das oft zuviel – in manchen Familien, besonders in wenig entwickelten Ländern, ist es das immer noch.

Ab dem fünften Lebensjahr entwickeln sich Feinmotorik, Koordination und räumliches Sehen immer rascher. Das Kind möchte jetzt oft »groß« sein und alles wie die Erwachsenen tun.

Sinnvolle Aufgaben machen Kinder stark

Es muß möglich sein, für Kinder in jedem Alter eine Aufgabe zu finden. Eine, die Spaß macht und ihnen sagt: Ich bin wichtig! Der zweijährige Alexander wie die siebenjährige Julia helfen verantworlich mit. Sie begreifen früh, daß verantwortliches Helfen, bei dem die Erwachsenen ihnen nicht dreinreden, ihnen einen wichtigen Platz in der Gemeinschaft einräumt. Aufgaben machen Kinder groß und stark, sie helfen ihnen, Selbstbewußtsein zu erlangen. Und das in jedem Alter!

Achten Sie auf die Wortwahl. »Mitarbeiten« ist motivierender als »Helfen«, weil es eine gleichgewichtige Beziehung ausdrückt, wogegen »Helfen« eine untergeordnete Handlangertätigkeit ist.

Interessen und Fähigkeiten wecken

Sicher, die Hausarbeit, das ständige Putzen und Aufräumen sind keine besonders interessanten Beschäftigungen, aber es gibt doch auch vieles, was Spaß macht, z.B. das Einkaufen, Kochen und Backen.
Mithelfen im Haus ist traditionell eine Aufgabe der Mädchen – brauchen Jungen deshalb weniger mitzuhelfen? Falsch! Erstens sollen Kinder sich aussuchen können, bei welchen Aufgaben sie mithelfen können, zweitens – warum sollten Jungen nicht gerne backen oder kochen? Eltern sollten hierbei darauf achten, daß sie ihre Kinder nicht von Anfang an auf eine bestimmte Geschlechterrolle festlegen.

So macht Mitarbeit Spaß

Wenn der Sohn vom benachbarten Bauernhof nach Hause kommt und ganz begeistert erzählt, wie er zusammen mit seinem Freund den Schuppen aufgeräumt hat, muß das nicht bedeuten, daß er sich nun auch an der Hausarbeit beteiligt. Im Gegensatz zur Arbeit auf dem Bauernhof ist Hausarbeit die Tätigkeit, die neben der »richtigen« Erwachsenenarbeit, von der mit großem Respekt gesprochen wird und die auch das Geld zum Leben für die Familie sichert, eine eher lästige Pflicht und minderwertig ist. Außerdem gibt es keine vorzeigbaren Ergebnisse, und der Sinn wird oft nicht eingesehen. Wozu die Badewanne putzen, wenn sie zwei Tage später wieder schmutzig ist? Unter diesem Aspekt ist es durchaus motivierend, eine Arbeitsgemeinschaft zu bilden und feste Aufgabenbereiche zuzuteilen. Tätigkeiten, bei denen eine sichtbares Produkt entsteht, machen mehr Spaß: Backen, Beeren pflücken, Silber putzen. Schließlich sollte man – auch sich selbst zuliebe – aufhören, die Hausarbeit nur als lästiges Übel darzustellen.

Mitarbeit – ein wichtiger Schritt in die Selbständigkeit

- Kinder, die bei allem, was die Erwachsenen tun, mitmachen, erproben ihre Selbständigkeit und entwickeln dabei immer mehr neue Fähigkeiten.
- Helfen heißt, Schritt für Schritt kleine Aufgaben eigenverantwortlich zu übernehmen. So können Eltern ihre Kinder z.B. dazu auffordern, mit ihnen zusammen abends das Spielzeug in Kisten und Regale für den nächsten Tag zurückzulegen. So lernen Kinder auch gleichzeitig, Ordnung zu halten.
- Mit der Zeit möchten Kinder ihre Eltern, egal, welche Tätigkeit sie gerade verrichten, unterstützen. Hier geht es darum, daß Kinder soziales Verhalten lernen und von den Eltern Lob und Anerkennung erfahren möchten.
- Auch wenn durch die Hilfe der Kinder alles viel länger dauert und das Ergebnis oft zu wünschen übrig läßt, sollten Sie Ihr Kind nicht kritisieren, sondern mehr loben und es nur von Aufgaben fernhalten, die für das Kind gefählich sind, wie z.B. Gartenarbeiten oder Heimwerkern.
- Vermeiden Sie es, Ihrem Kind nur Scheinaufgaben zu übertragen. Kinder wollen bei allem, was sie tun, ernst genommen werden und Bestätigung finden.
- Das Zusammenleben in einer Familie funktioniert nur, wenn auch jeder in der Familie bereit ist, Aufgaben zu übernehmen.
- Kinder, die bereits mehr Verantwortung übernehmen können, sollen im Haushalt regelmäßig bestimmte Aufgaben, die allen Familienmitgliedern zugute kommen, übernehmen, z.B. Staubsaugen oder Blumengießen in der ganzen Wohnung.

Nur Geduld, wenn's mit der Eigenverantwortung der Kinder noch nicht gleich so recht klappt. Mit der Zeit lernt jedes, daß man nur etwas erreichen kann, wenn alle mithelfen.

Jede Reaktion der Kinder auf schwierige Situationen soll ernst genommen werden.

Konflikte entstehen oft, wenn Grenzen gesetzt werden. Aber die sind unumgänglich zur Orientierung für Heranwachsende. Die Bewältigung solcher Konflikte stärkt den einzelnen und die Gemeinschaft.

Konflikte gehören zum Leben

Eine Chance für die Familie

Eltern wünschen sich ein harmonisches Familienleben, das den Interessen aller, in gleicher Weise Rechnung trägt. Doch die Realität im Alltag ist meist ganz anders.

Auseinandersetzungen sind notwendig

Eltern erfahren im Erziehungsalltag immer wieder, daß sie meist etwas anderes wollen als ihre Kinder. Abends möchten die Eltern ungestört sein, doch Kinder wollen nicht ins Bett, Eltern wollen ausschlafen, doch schon am frühen Morgen stehen die Kinder vor der Schlafzimmertür… Dazu kommen im Kleinkindalter Anfälle von Trotz, bei denen das Kind herauszufinden versucht, ob und wie weit die Eltern bereit sind, auf seine Wünsche einzugehen. Eine andere Art von Konflikt liegt vor, wenn die Kinder den Erwartungen der Eltern nicht entsprechen. Eltern erwarten ungeduldig, daß ihr Kind nachts endlich durchschläft, ordentlich am Tisch mitißt …
Sie sollen wissen: Es gibt keine festen Regeln, nach denen Kinder einzelne Fähigkeiten in einem bestimmten Alter beherrschen müssen.
Beobachten Sie Ihr Kind aufmerksam und sprechen Sie mit Ihrem Kinderarzt über Ihre Bedenken. Wenn sich das Kind tatsächlich auffällig benimmt, wird er Ihnen einen geeigneten Therapeuten empfehlen, der eine Behandlung einleitet.

Auch wenn sie noch so sehr aneinander hängen: Unter Geschwistern gibt es immer mal Streit, was die gegenseitige Zuneigung letztlich nicht beeinträchtigt.

Jeder Konflikt braucht eine Lösung

Versuchen Sie nicht, Konflikten ständig auszuweichen und so wenigstens für kurze Zeit den Familienfrieden zu erhalten. Kinder brauchen feste Regeln und Grenzen, innerhalb derer sie sich entfalten können. Sie geben ihnen ein Gefühl der Sicherheit und Geborgenheit. Wenn z. B. das Kind auf die Straße läuft, obwohl oder gerade weil die Mutter es ihm verboten hat, muß die Mutter auch dann einschreiten, wenn kein Auto kommt. Eltern müssen daher von ihren Kindern verlangen, daß sie sich an die Regeln, die die Eltern vorgeben, halten. Falsch wäre es jedoch auch, wenn Eltern ihr Kind immer sofort bestrafen, wenn es etwas Verbotenes tut. Es geht vielmehr darum, das Kind zurechtzuweisen und ihm seine Grenzen zu zeigen.

Grenzen zu setzen und konsequent zu sein, bedeutet, nicht immer geliebt, sondern respektiert, geachtet, vielleicht auch mal ein wenig gehaßt zu werden. Das auszuhalten will geübt sein.

Günstige Voraussetzungen für die Entwicklung des Kindes schaffen

Eltern, die von vornherein bemüht sind, günstige Entwicklungsbedingungen für ihr Kind zu schaffen, wird es gelingen, Konflikte in der Familie leichter zu bewältigen. Eltern sollten versuchen, je nach Alter des Kindes auf seine verschiedenen Bedürfnisse einzugehen. Dazu gehört, daß Eltern ihren Kindern auf ganz unterschiedliche Art und Weise viele Anregungen geben, die seine Entwicklung positiv beeinflussen.

Kinder brauchen mehrere Bezugspersonen

Um soziale Erfahrungen zu gewinnen, braucht ein Kind ein möglichst breites Umfeld von Bezugspersonen. Gut ist es, wenn dabei mehrere Generationen zusammenwirken.

Sehr viele Kinder wachsen heute in der Drei-Personen-Kleinstfamilie auf, und eine ständig wachsende Zahl von Kindern lebt nur mit einem Elternteil zusammen. Wenn dann noch dazu das Kind die meiste Zeit des Tages allein mit der Mutter verbringt, kann es leicht passieren, daß sich das Kind langweilt und unruhig wird.
Kinder brauchen verschiedene Personen, die sich mit ihnen beschäftigen und ihnen unterschiedliche Erfahrungen ermöglichen. Besuchen Sie deshalb von Anfang an Spielgruppen, damit Ihr Kind mit anderen Kindern in Kontakt kommt, und scheuen Sie sich nicht, Ihr Kind regelmäßig von einem zuverlässigen Babysitter betreuen zu lassen.

Kinder brauchen Freiräume

Viele Eltern verplanen die Freizeit ihrer Kinder mit Nachhilfestunden, Sport, Musikunterricht u.v.m. Kein Wunder, daß Kinder manchmal überanstrengt sind, wenn sie nach der Schule von Termin zu Termin hetzen. In ihrer Freizeit brauchen Kinder Freiräume, viel Zeit und auch genügend Raum, wo sie sich zwanglos beschäftigen können.

Fußballspielen im Gras, Wind und Sonne auf der Haut spüren, das sind Erfahrungen in der Natur, die die Sensibilität der Umwelt gegenüber fördern.

Denn genauso wie die Erwachsenen brauchen Kinder Erholungspausen, wo sie die Seele baumeln lassen können.

Kindern immer wieder neue Erfahrungen vermitteln

Kinder brauchen feste Gewohnheiten, die ihren Alltag regeln, d. h. feste Schlafens- und Essenszeiten, Bezugspersonen, mit denen sie regelmäßig zusammentreffen. Zu starre Regeln engen ein. Kinder langweilen sich, wenn ihre Eltern mehrere Wochenenden hintereinander nur im eigenen Garten verbringen. Versuchen Sie also, wenigstens an einem Tag am Wochenende mit den Kindern etwas zu unternehmen. Besuchen Sie den Tierpark, laden Sie Freunde der Kinder zum Zelten im eigenen Garten ein oder machen Sie einen Ausflug mit der Eisenbahn. Natürlich sollten Ihre Kinder bei der Planung mitreden können, wenn Sie Unternehmungen für das Wochenende planen.

Kinder haben viel Energie. Sie wollen auch am Wochenende etwas erleben – im Gegensatz zu den Eltern, die erholungsbedürftig sind. Damit jeder auf seine Kosten kommt, werden die Wochenenden möglichst abwechselnd gestaltet.

Erziehen heißt, die Selbständigkeit zu fördern

Sprechen Sie mit Ihrem Kind offen über sein Verhalten und erklären Sie den Sinn von Verhaltensregeln.

- Warum soll das Kind, das morgens früh aufsteht und mittags sehr müde ist, einen Mittagsschlaf halten?
- Warum macht es Sinn, regelmäßig zusammen mit der ganzen Familie am Tisch zu essen, anstatt den ganzen Tag über nur Süßigkeiten zu naschen?

Wenn ein Kind lernt, den Schlaf als eine Erholungspause zu akzeptieren, wenn es versteht, daß gemeinsame Mahlzeiten mehr Spaß machen als heimlich zu naschen, wird es die Autorität der Eltern leichter akzeptieren.
Eltern sollen nur begründete Verbote aussprechen, Kindern sinnvolle und verantwortungsvolle Aufgaben übertragen, an denen sie Freude haben. So fühlen sich Kinder in ihrer Rolle ernst genommen, entwickeln ein gesundes Selbstbewußtsein und werden früh selbständig.

Einem großen Irrtum unterliegt, wer glaubt, Erziehen bedeute, immer alles richtig zu machen. Wer sich dann zwangsläufig – denn niemand ist vollkommen – vergewaltigen muß und eigene Gefühle zu unterdrücken versucht, läuft Gefahr, von seinen Kindern als unehrlich empfunden zu werden. Und außerdem ist einiges situationsbedingt richtig, was vielleicht in Erziehungsratgebern als falsch bewertet wird.

Familienkonflikte positiv bewältigen

Auch wenn es oft anders aussieht: Kinder wollen keinen Streit, keine Unruhe in der Familie. Ganz im Gegenteil: Sie wollen, daß sie von ihren Eltern anerkannt und gelobt werden. Konflikte sind daher meist ein Anzeichen dafür, daß sich das Kind weiterentwickelt. Dabei lebt es in einem inneren Spannungszustand und reagiert besonders empfindlich – eben mit Streiten und Quengeln.

- Konflikten grundsätzlich positiv gegenüberstehen.
- Kindern mit Geduld und Verständnis sinnvolle Kompromisse anbieten.

Denn Kinder sind nicht Untergebene, sondern Partner!

Über die Autorin

Helga Gürtler ist Kinderpsychologin und Therapeutin in Berlin. Selbst Mutter von drei Kindern, ist sie seit vielen Jahren für die Beratungsseite in der Eltern-Kind-Zeitschrift »Spielen und Lernen« zuständig. Im Südwest Verlag ist sie eine der Stammautorinnen in der Reihe »Leben lernen mit Kindern«.

Literatur

Gürtler, Helga: Angsthasen und Wüteriche. Südwest Verlag. München 1996
Gürtler, Helga: Kleine Haken im Familienalltag. Südwest Verlag. München 1993
Gürtler, Helga: Mit dem zweiten Kind wird alles anders. Südwest Verlag. München 1995
Schuster-Brink, Carola: Wenn Erziehung an den Nerven zehrt. Südwest Verlag. München 1994

Hinweis

Bildnachweis

Bilderberg, München: 5, 42 (Nomi Baumgartl), 32, 39, 78 (Milan Horacek), 54, 58 (Klaus Bossemeyer); Das Fotoarchiv, Essen: 15, 28 (Toma Babovic), 19 (Thomas Mayer), 30 (Venturi), 34 (James Sugar), 44 (Anne Koch), 84 (Wolfgang Schmidt); IFA-Bilderteam, München: 2, U4 (Nacivet), 6 (P.A.N.), 10, 17, 37, 56 (Diaf), 24 (TPL), 26 (Heinz Koch), 43 (Endler), 60 (Arma), 62 (F. Lance), 69 (Amadeus), 73 (Putz), 79, 82 (Marc), 80 (Ventura), 90, 91 (Int. Stock), 93 (Heron); Hans Seidenabel: 48; Claudia Rehm, Stockdorf/München: 8, 12, 86; Transglobe, Hamburg: Titelbild (U1) (Kanicki)

Impressum

3., völlig neu bearbeitete und erweiterte Auflage 1996

Redaktion: Birgit Kuhn, Michaela Breit
Projektleitung: Ernst Dahlke
Redaktionsleitung: Josef K. Pöllath
Bildredaktion: Barbara Glöggler
Produktion: Manfred Metzger
Umschlag: Till Eiden
DTP/Satz: Wolfgang Lehner
Graphisches Konzept: Christine Paxmann, München
Druck: Color Offset, München
Bindung: R. Oldenbourg, München
Printed in Germany

Gedruckt auf chlor- und säurearmem Papier
ISBN 3-517-01902-X

Register

AIDS 77
Alkohol 24
Aufgaben, sinnvolle 84, 86f., 94
Aufgeschlossenheit 29
Auseinandersetzungen → Konflikte bewältigen
Ausgehen 42ff.
Babysitter 44
Benehmen, gutes 26ff.
Betreuungsmöglichkeiten 45f.
Bettnässen 51f.
Bezugspersonen 9, 46, 92
Daumen 54ff.
Denken, leistungsorientiertes 11
Durchschnittskind, statistisches 6f.
Einschlafen 32, 35ff.
Einwortsätze 8
Elternbett 38f.
Empfängnisverhütung 75
Entwicklungsbedingungen 92
Erkundungsspiele mit sexuellem Hintergrund 71
Erziehungsalltag 90
Erziehungsziele 7
Essen 12ff., 17, 20f.
Eßprobleme 13, 18f., 22, 26
Eßverhalten 18, 22
Familienkonflikte 18, 20, 94
Familienleben, harmonisches 90
Fehlentwicklung 10
Feinmotorik 87
Freiräume 92f.
Geborgenheit 91
Gefühle 83
Genußmittel 24
Geschlechtsverkehr 70
Gewalt, sexuelle 77
Gewohnheiten, feste 93
Grüßen 27
Handlangerdienste 87
Heterosexualität 76
Höflichkeit 28
Homosexualität 75ff.
Hungergefühl 17
Kinderarbeit 84
Kinderarzt 81f.
Konflikte bewältigen 90ff.
Konsumentenkind 86
Koordination 87
Körperbewußtsein 67, 78ff.
Körperempfindungen 13
Kummerspeck 22
Laufenlernen 7
Liebe 21, 55
Lustgewinn 75
Mißbrauch, sexueller 72
Mitarbeit der Kinder 88f.
Mittagsschlaf 33ff.
Normen 10, 75
Onanieren 64f., 75
Partnerschaft 41
Penis 68
Petting 75
Pflichten, kleine 85
Prostitution 77
Regeln und Grenzen 91
Reinlichkeitszwang 80
Respekt, wechselseitiger 29
Richtschnur sexueller Aktivitäten 75
Safer Sex 77
Sauberkeitserziehung 7f., 48ff., 53
Saugreflex 54f.
Schlaf-/Wachrhythmus 30, 33, 42
Schlafbedürfnis 30, 34
Schlafengehen 30, 40
Schnuller 54ff., 59
Schüchternheit 27
Seele 83
Sehen, räumliches 87
Selbständigkeit 89, 94
Selbstbefriedigung → Onanieren
Selbstbewußtsein 87, 94
Selbstvertrauen stärken 52
Selbstwertgefühl, kindliches 10
Sexualerziehung 67
Sexualität 7, 49, 60ff., 69ff., 73ff., 81
Sexualmoral 74f.
Sprechenlernen 8f.
Stillen 43
Süßigkeiten 14, 24
Tischsitten 16, 23, 26
Töpfchen 49f., 53
Trennungssituation 46
Trostspender 57, 59
Tyrannei beim Schlafen 40
Übergangsobjekte 58
Übernachten bei Freunden 45
Umfeld 9
Vagina 68
Verantwortung übernehmen 89
Verbote 24f., 94
Verhalten, soziales 29
Vorsorgeuntersuchungen 10
Waschen 80
Zähneputzen 15
Zärtlichkeit 55
Zigaretten 24
Zubettgehzeremoniell 31
Zucker 14
Zuwendung 21f., 55
Zweiwortsätze 8
Zwischenmahlzeit 15